Dietmar Krämer & Hagen Heimann
Spirituelles Tantra
Yoga und Meditation als Wege zur Befreiung

Dietmar Krämer & Hagen Heimann

Spirituelles Tantra

Yoga und Meditation
als Wege zur Befreiung

Aquamarin Verlag

Dietmar Krämer und **Hagen Heimann**, Autoren mehrerer naturheilkundlicher und spiritueller Bücher, arbeiten zusammen als Heilpraktiker in ihrer Praxisgemeinschaft in Hanau. Gemeinsam leiten sie das Internationale Zentrum für Neue Therapien und halten weltweit Seminare und Vorträge über die Ergebnisse ihrer Forschungen.

Deutsche Originalausgabe

1. Auflage 2016
© Aquamarin Verlag
Voglherd 1 · D-85567 Grafing

Fotos: Dietmar Krämer / Hagen Heimann
Zeichnungen: Robert & Monika Liewers /Tilmann Hercher
Umschlaggestaltung: Annette Wagner

Druck: C.H. Beck • Nördlingen

ISBN 978-3-89427-758-1

Inhalt

Vorbemerkung 9
Teil 1 Grundlagen von Yoga und Tantra 11
1. Die Philosophie des Hinduismus 13
   a) Die Schöpfungsgeschichte 13
   b) Samsara, Reinkarnation und Karma 14
   c) Die unterschiedlichen Zeitalter 16
      Hinduistische Kosmologie 16
      Auswirkungen der einzelnen Yugas 18
      Konsequenzen der einzelnen Yugas 21
   d) Die hinduistischen Mantras 22
   e) Die hinduistischen Gottheiten 23
      Brahma 24
      Vishnu 25
      Shiva 27
      Trimurti 29
      Shakti 30
      Sarasvati 30
      Lakshmi 31
      Parvati 32
      Kali 32
      Durga 33
      Ganesha 34
   f) Pilgerreisen 35
      Heilige Flüsse 35
      Heilige Berge 38
      Heilige Orte 41

2. Der spirituelle Weg des Yoga 51
   a) Samadhi als Ziel des Yoga 51
   b) Die unterschiedlichen Yoga-Wege 52
   Raja Yoga 53
   Jnana Yoga 57
   Karma Yoga 59
   Bhakti Yoga 60
   c) Guru und Ashram 62
3. Ekstase als Ziel des Tantra 68
   a) Der tantrische Ansatz 68
   b) Die tantrischen Prinzipien 69
   c) Das Mysterium der Zeit 70
   d) Kali, die Gebieterin der Zeit 74
   e) Der ekstatische Schöpfungsakt 75
   f) Yantras 77
   g) Mantras 78
   h) Mudras 81
   i) Chakras 82
   Wirkung der Meditation 89
   j) Kundalini 92
   Shiva und Shakti 92
   Tantrische Vereinigung von Shiva und Shakti 93
   Kundalini Yoga 95
   Shaktipat 96
   Maithuna-Ritual 97
   k) Der linkshändige Pfad 99

Teil 2   Erfahrungen mit Yoga und Tantra 103
1. Chakras und New Age 105
   a) Die Neuinterpretation der Chakras 105
   b) Chakras und Gesundheit 107
2. Erweckung der Kundalini 110
   a) Vorbemerkung 110

b) Das Erwachen der Kundalini 114
c) Auswirkungen 116
d) Kundalini-Krisen 120
e) Fallbeispiele 121
f) Entwicklungsstufen 128
g) Endgültige Verschmelzung 131
3. Hindernisse auf dem spirituellen Weg 133
   a) Spiritueller Missbrauch 133
   b) Spirituelle Attacken 143
   c) Spirituelle Implantate 150
   d) Erschwernisse und Prägungen 154
4. Verstrickungen durch den spirituellen Weg 156
   a) Anhaftung 156
   b) Rückzug von Freunden 157
   c) Rückzug von der Gesellschaft 158

Teil 3   Auswege aus der spirituellen Sackgasse 161
1. Zur Ruhe kommen 163
   a) Die eigene Natürlichkeit wiederfinden 163
   b) Die Natürlichkeit im Umgang mit anderen wiederfinden 165
   c) Natürlichkeit im Umgang mit der
      Gesellschaft entwickeln 165
2. Freiheit erlangen 167
3. Der Weg zum Selbst 169

ANHANG 171
   Werke der Autoren 171
   Allgemeines Literaturverzeichnis 173
   Glossar 177
   Kontaktadresse der Autoren 185

Vorbemerkung

Tantra oder auch Tantrismus ist eine spirituelle Praxis des Hinduismus, die sich als Weiterentwicklung des Yoga versteht und auch in den Buddhismus, insbesondere in die nördliche Mahayana-Tradition und den Tibetischen Buddhismus, Eingang fand. Im Westen verbreitete sich vor allem eine spezielle Form des Tantra, der sogenannte Neo-Tantrismus, bei dem sexuelle Praktiken im Vordergrund stehen. Dieser wurde vielfach noch von seinem spirituellen Hintergrund entblößt, so dass nur noch seine erotischen Praktiken übrig blieben, die inzwischen als Selbsterfahrungs-Workshops von einschlägigen New-Age-Veranstaltern oder in der Erotikszene in Form von Tantra-Massagen angeboten werden. Mit dem ursprünglichen spirituellen Ansatz des Tantra haben diese, bis auf den Namen, nichts mehr gemein.

Teil 1

Grundlagen von Yoga und Tantra

1. Die Philosophie des Hinduismus

a) Die Schöpfungsgeschichte

„Am Anfang war das Wort" – so beginnt auch im Hinduismus die Schöpfungsgeschichte. Dieses „Wort" verkörpert den Urlaut OM, auch AUM geschrieben, den Yoga-Praktizierende in tiefer Meditation als sehr, sehr feines Rauschen wahrnehmen können, verbunden mit dem Gefühl einer nicht zu beschreibenden Stille. Aus diesem OM bildete sich zu Beginn der Schöpfung das *Om namah Shivay* (OM – ich verneige mich vor Shiva), wodurch sich Sadashiva als erstes göttliches Bewusstsein aus Brahman, dem unmanifestierten göttlichen Urgrund, manifestierte. Aus Sadashiva formte sich die göttliche Dreiheit: Brahma, der Schöpfer, Vishnu, der Erhalter und Shiva, der Zerstörer. Sadashiva ist der EINE Gott, der auch in jeder monotheistischen Religion als solcher verehrt wird.

Hier beinhaltet dieser EINE alle Aspekte – Schöpfung, Erhaltung und Zerstörung. Auf dieser „Ebene" gleichen sich alle Religionen.

Laut hinduistischer Überlieferung formte sich aus jedem dieser Aspekte eine eigenständige Gottheit. Brahma, der Schöpfer, erschuf in einem einmaligen Schöpfungsakt das gesamte Universum und ruht seitdem. Vishnu erhält durch seine Präsenz diese Schöpfung und wird deshalb als wichtigste Gottheit verehrt. Shiva, der den zerstörerischen Aspekt verkörpert, wird sie eines Tages wieder auflösen, wenn die Zeit dafür gekommen ist.

Zu jedem dieser drei männlichen Aspekte Gottes existiert ein weiblicher Gegenpart, der aktiver in das Weltgeschehen eingreift als die jeweilige Gottheit selbst und für Gläubige lebendiger und präsenter ist: Sarasvati verkörpert das weibliche Pendant zu Brahma. Sie inspiriert Musik und Kunst und belebt damit die Welt durch neue Schöpfungen. Lakshmi, das weibliche Gegenstück zu Vishnu, fördert Wohlstand und Schönheit und bereichert auf diese Weise das materielle Leben. Parvati, als weibliche Entsprechung von Shiva, greift als Kali und Durga in das Weltgeschehen ein, indem sie dunkle Kräfte und alles, was die Schöpfung in Gefahr bringt, zerstört.

Sadashiva, der „ewige" Shiva, verkörpert nicht nur Schöpfung, Erhaltung und Zerstörung durch die aus ihm hervorgegangenen Gottheiten Brahma, Vishnu und Shiva, sondern auch Verschleierung (Maya) und Erlösung (Moksha). Maya bezeichnet den Schleier, der die göttliche Wirklichkeit, die der Schöpfung zugrunde liegt, verbirgt und uns vorgaukelt, die Welt besäße eine eigene Realität. Aufgrund dieser Illusion identifizieren wir uns mit unserem Körper, agieren in der physischen Welt, als sei diese die einzige Wirklichkeit, und verstricken uns in sie. Hierdurch binden wir uns mehr und mehr an die Materie und kehren als Folge unserer Taten wieder und wieder auf diese Welt zurück, bis wir *Moksha* (Erlösung vom Rad der Wiedergeburt) erlangt haben.

b) Samsara, Reinkarnation und Karma

Der Begriff *Samsara* stammt von der Wurzel des Sanskrit-Verbs *sri* mit der Vorsilbe *sam* und bedeutet so viel wie „sich fortbewegen, durchlaufen, umherwandern, beständiges Wandern" und wird oftmals als „Rad der Wiedergeburt" übersetzt. Das letztendliche Ziel im Hinduismus und Buddhismus ist es, aus dem stetigen „Werden und Vergehen" auszusteigen, da das irdische Leben auf der Welt als leidvoll und mühsam beschrieben wird.

Nach hinduistischer und buddhistischer Auffassung wandert jede

Seele nach dem physischen Ableben des Körpers in einen neuen, um dort weiterzuleben. Dieses Phänomen wird Reinkarnation (lat. Wiederfleischwerdung oder auch Wiederverkörperung) genannt. Hierdurch kann der Mensch die Folgen seiner vorherigen Existenz erleben, um sich weiterzuentwickeln, bis seine Seele die Erlösung von Samsara erreicht hat, was als Moksha bezeichnet wird.

Aus hinduistischer und buddhistischer Sicht gibt es zwei Gründe, warum ein Mensch wiedergeboren wird. Zum einen sind es seine eigenen niederen Triebe, unerfüllte Wünsche und Begierden, diese führen zu einem *Wollen*, und zum anderen ist es das selbst erschaffene Karma, welches ein absolutes *Müssen* darstellt. Bei Letzterem handelt es sich um das unumstößliche Gesetz, dass alles, was der Mensch tut, ihm selbst widerfahren wird. *Karma* bezeichnet somit die Folgen seines Handelns, die er erleben *muss*. Vollbringt ein Mensch während seines Lebens sogenannte „gute Taten", werden sich diese auch in seinem Erleben in der Form widerspiegeln, dass es ihm im nächsten Leben gut geht. So wird er beispielsweise aufgrund seines „guten Karmas" in einer wohlhabenden Familie geboren, wo er sich nie um die materielle Sicherung seines Lebensunterhaltes sorgen muss. Seine „schlechten Taten" werden im Gegenzug jedoch Negatives nach sich ziehen und zu Erschwernissen führen. Überwiegen die schlechten Taten, so wird er möglicherweise in ärmlichen Verhältnissen wiedergeboren.

Gutes und schlechtes Karma heben sich aber *niemals* gegenseitig auf. Hierzu ein Beispiel: Verhält sich ein Mensch ständig schlecht gegenüber seinem Nachbarn und zeigt ihm ganz offen seine Verachtung, so wird das nachbarschaftliche Verhältnis dementsprechend getrübt sein. Pflegt er aus altruistischen Gründen gleichzeitig kranke Menschen oder hilft sonst auf irgendeine Weise Hilfsbedürftigen aus freien Stücken, ohne etwas dafür zu verlangen, bleibt dennoch die Situation mit seinem Nachbarn angespannt. Der Betroffene erzeugt *gutes* Karma durch sein Helfen *und schlechtes* durch sein Verhalten dem Nachbarn gegenüber.

Die Tatabsicht spielt hierbei jedoch immer eine ganz wesentliche Rolle. Für das *Karma* zählt nicht nur die begangene Handlung an sich, sondern auch die Absicht, die dazu geführt hat. Hilft jemand Hilfsbedürftigen, um „Pluspunkte" zu erwirtschaften, erzielt er damit weder *gutes* noch *schlechtes* Karma. Wurde er hingegen an einer *selbstlosen Tat* gehindert, zählt bereits schon seine Absicht, als ob er die Handlung vollzogen hätte.

Das letztendliche Lebensziel für einen Hindu und Buddhisten ist die Befreiung aus dem Rad der Wiedergeburt (Samsara), was bedeutet, dass er nicht mehr reinkarnieren muss (Moksha). Hierfür ist es erforderlich, dass sämtliches Karma abgetragen und die völlige Freiheit von allen niederen Trieben, Wünschen und Begierden erreicht wurde. Letzteres kann durch die spirituelle Praxis des Yoga/Tantra erreicht werden.

c) Die unterschiedlichen Zeitalter

Hinduistische Kosmologie

In der Natur ist der stetige zyklische Kreislauf von Hervorbringen, Wachsen, Reifen und Verwelken allgegenwärtig zu beobachten. Bezogen auf das menschliche Leben, sind es die Phasen von Geburt, Jugend, Alter und Tod. Die Entsprechungen im irdischen Zyklus sind die vier Jahreszeiten Frühling, Sommer, Herbst und Winter. Im Hinduismus ist noch ein weiterer Kreislauf bekannt, der durch  die *Yugas* beschrieben wird. Hierbei handelt es sich um vier wiederkehrende kosmische Zeitepochen, die unterschiedliche Qualitäten in sich bergen und sich ähnlich der vier Jahreszeiten stetig zyklisch wiederholen. Obwohl es sich hierbei um eine hinduistische Mythologie handelt, die einen weiteren spirituellen Aspekt der Schöpfung beschreibt, gibt es dennoch interessante Parallelen zu den neueren Erkenntnisse unserer heutigen Astronomie. Aus diesem Grunde wollen wir uns ein wenig damit beschäftigen, um die Weltenzyklen zu verstehen.

 Die Erde dreht sich in vierundzwanzig Stunden einmal komplett um ihre eigene Achse. Da die Sonnenstrahlen nur aus einer Richtung auf die Erde einstrahlen, entstehen auf diese Weise Tag und Nacht.

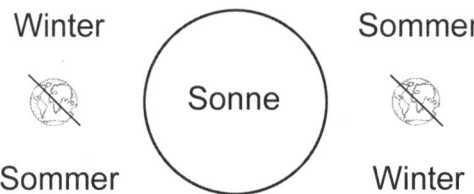

Unser Planet umkreist die Sonne innerhalb eines Jahres in einer elliptischen Umlaufbahn. Aufgrund der Schräglage der Erdachse treffen die Sonnenstrahlen in unterschiedlichen Einstrahlungswinkeln auf die Erde, wodurch die Jahreszeiten entstehen. Diese prägen entscheidend den Lauf der Natur und damit unser Leben. Die Erde ist an ihren Polen abgeplattet, was bedeutet, dass sie am Äquator dicker ist. Da Sonne und Mond mit ihrer Anziehungskraft aufgrund der Schräglage der Erdachse auch schräg am Äquatorwulst ziehen, entsteht ein Drehmoment, das die Erdachse aufrichten will. Hierdurch dreht sich unser Planet wie ein Kreisel. Die Bewegung seiner Achse beschreibt einen Kegelmantel, wobei eine Umdrehung etwa 25.725 Jahre dauert. Dies wird in der Astronomie als „Zyklus der Präzession" bezeichnet. In der hinduistischen Kosmologie entspricht dies einem „kleinen Yuga" (Yuga = Weltenzyklus).

Unser Sonnensystem kreist seinerseits um das Zentralgestirn unserer Galaxie und benötigt für einen galaktischen Umlauf 4.320.000 Jahre. Dies entspricht in der hinduistischen Kosmologie der Dauer eines kompletten Zyklus des „Maha Yugas" – des großen Weltenzyklus'.

Ähnlich der Sonnenstrahlen, die unterschiedlich stark auf die Erde einwirken und dadurch die vier Jahreszeiten entstehen lassen, verhält es sich mit einer höheren Ordnung, die *Dharma* genannt wird. Diese wirkt nach hinduistischer Auffassung, je nach Yuga, unterschiedlich stark auf das irdische Leben ein, was sich sowohl in der Natur als auch in dem Verhalten der Menschen untereinander und deren moralischen Werten widerspiegelt.

Auswirkungen der einzelnen Yugas

Ein großer Weltenzyklus beginnt stets mit dem „Goldenen Zeitalter" (Satya-Yuga oder Krita-Yuga), welches auch das „Zeitalter der Wahrhaftigkeit" genannt wird. Mit seinen 1.728.000 Jahren ist es das längste aller Yugas. Hier besitzt das Dharma, welches in den alten Überlieferungen oftmals als „Heilige Kuh der ethischen Ordnung" dargestellt wird, seine volle Kraft. Symbolisch dazu steht das Tier kraftvoll auf seinen vier Beinen, welche jeweils Barmherzigkeit, Sauberkeit, Enthaltsamkeit und Wahrhaftigkeit repräsentieren.

Während dieses Yugas bringt die Erde nur hochwertige, äußerst schmackhafte und gesunde Nahrung hervor. Menschen werden in dieser Epoche bereits tugendhaft geboren, sind wahrhaftig, selbstbeherrscht, gewaltlos, entsagend und besitzen einen klaren Geist. Deshalb sind sie auch frei von Angst, Gier, Zorn und kennen keine Illusion, Anhaftung, Müdigkeit oder Krankheit. Voller Freude erfüllen sie ihre Aufgaben und Pflichten, widmen sich der Meditation und führen Opfer nach den Anweisungen der Veden durch. Deshalb sollen die Menschen im Goldenen Zeitalter ein sehr hohes Lebensalter erreichen.

Im darauffolgenden Treta-Yuga wird die Menschheit nur noch durch drei Viertel des Dharma aufrechterhalten. Die Zeitspanne dieser Zeitepoche beträgt 1.296.000 Jahre. Symbolisch steht die heilige Kuh während dieses Yugas noch relativ sicher auf drei Beinen. Im Treta-Yuga lässt die Kraft der Entsagung nach. Bei den Menschen entsteht eine Schwere, die zu Müdigkeit führt. Sie werden träge und sammeln Dinge an. So entsteht Besitz, welcher nun zu Leidenschaft, Anhaftung und Gier führt. Allmählich entwickeln sich daraus Kummer, Sorge, Furcht, Lüge, Bosheit, Betrug, Rohheit, Zorn und Gewalt. Die Qualität von Pflanzen und Nahrungsmitteln vermindert sich, und die ersten Krankheiten entstehen. Als Folge davon verkürzt sich nun auch die Lebenserwartung der Menschen.

Das anschließende Dvapara-Yuga dauert 864.000 Jahre. In diesem Zeitalter ist das Dharma nur noch zur Hälfte erhalten, was sich symbolisch so darstellt, dass die heilige Kuh nur noch auf zwei Beinen balanciert. Die einst so erstklassige und geschmackvolle Nahrung verliert weiter an Güte und Bekömmlichkeit, und die Widerstandskraft der Menschen wird stetig schwächer, weshalb Krankheiten immer mehr zunehmen.

Im letzten und kürzesten Zeitalter, dem Kali-Yuga (432.000 Jahre), das auch „dunkles Zeitalter" genannt wird, exsistiert nur noch sehr wenig von der ursprünglichen Barmherzigkeit, Sauberkeit, Enthaltsamkeit und Wahrhaftigkeit in dieser Welt. Die Kraft des Dharma ist auf ein Viertel reduziert. Symbolisch besitzt die heilige Kuh nur noch ein Bein und kann damit nicht mehr aufrecht stehen. Im Vergleich zu den Menschen des Goldenen Zeitalters besitzen diese Menschen nur noch wenig Intelligenz, haben ein schlechtes Gedächtnis und kaum noch ein Gewissen. Ihre Lebenserwartung ist nur noch gering. Kinder sterben in dieser Zeitepoche bereits im Mutterleib oder kurz nach der Geburt. Die Menschen besitzen keine Stärke und keine Widerstandskraft. Sie sind äußerst zornig, habgierig, eifersüchtig und unwahrhaftig. In der *Vishnu Purana* ist dazu Folgendes überliefert:

„Wenn die Gesellschaft in einen Zustand gerät, wo Reichtum Rang verleiht, Besitz die einzige Quelle der Tugend wird, Leidenschaft das einzige Band zwischen Mann und Weib, Betrug die Grundlage des Erfolges im Leben, geschlechtliche Liebe der einzige Weg zur Freude und äußere Verwirrung mit innerlichem Glauben zusammengeworfen werden ..."[1]

Regierungen und Staatsoberhäupter werden im Kali-Yuga von Unvernunft und Irrationalität geleitet. Sie erheben außerordentlich hohe und ungerechte Steuern. Ihre Völker werden von ihnen nicht mehr beschützt und stellen eine Gefahr für die ganze Welt dar. Morde werden ohne Rechtfertigung begangen, und die Menschen sind stolz darauf.

Während die Menschen im Goldenen Zeitalter einen stets höflichen, offenen und entgegenkommenden Umgang miteinander pflegten, begegnen sie einander nun im Zorn und stellen ihre gegenseitige Feindschaft offen zur Schau. Frauen pflegen einen groben Umgang, sind unbarmherzig, weinen gerne und hegen Widerwillen gegen ihre Männer. Promiskuität, sexuelle Ausschweifungen und der Genuss von Alkohol und Drogen werden als wichtige Elemente des Lebens betrachtet. Die traditionellen Lehren werden ignoriert, die Weisen nicht mehr gehört und spirituelle Lehrer finden keinerlei Anerkennung mehr.

Das Kali-Yuga endet nach den alten Überlieferungen mit dem Erscheinen von *Kalki*, der wie ein Komet am Firmament auf die Erde kommt. Er wird die Menschheit, die in Finsternis gehüllt ist und de-

---

[1] Heinrich Zimmer, Indische Mythen und Symbole, München 2000, Hugendubel-Verlag (Diederichs), S.20

ren moralische Werte nicht mehr existieren, durch ein neues Dharma retten und ein neues Goldenes Zeitalter einläuten.

Konsequenzen der einzelnen Yugas

Nach den hinduistischen Überlieferungen lebt in der Sonne eine göttliche Wesenheit, welche die gesamte spirituelle Entwicklung aller Lebewesen unseres Sonnensystems überwacht und fördert. Im Hinduismus wird diese als Gott Surya verehrt. In anderen Frühkulturen und vielen alten Religionen wurde dieser Sonnengott teilweise mit dem Schöpfer gleichgesetzt und angebetet. Die göttliche Wesenheit der Sonne ist auch unter dem Begriff „Solarer Logos" bekannt. Er weist auf der spirituellen Ebene wie ein Leuchtfeuer jedem die Richtung zu Gott. Durch sein „Rufen" erweckt er das Verlangen in uns, Gott näher zu kommen. Ohne den Ruf des Solaren Logos kann niemand Gott realisieren oder gar religiöse Gefühle entwickeln; ohne seine Präsenz würde die Welt in Atheismus und Nihilismus versinken. Durch die verschiedenen Einstrahlungswinkel, die sich durch den Zyklus der Präzession der Erde ergeben, ist dieser Ruf des Logos unterschiedlich stark – ähnlich den vier Jahreszeiten – und prägt die Yugas, welche für unser Leben auf diesem Planeten maßgebend sind.

Das Maha-Yuga entsteht auf ähnliche Weise, indem sich unser Sonnensystem mit all seinen Planeten um das Zentralgestirn unserer Galaxie dreht. Dieser Mittelpunkt wird im Hinduismus auch *Vishnunabhi* – der Sitz der schöpferischen Kraft (Brahma) – genannt. Analog der Erkenntnisse aus der Astronomie über das kleine Yuga, die wir über die Präzessionsbewegung der Erdachse gewinnen konnten, müsste dementsprechend die „Vishnunabhi-Strahlung" auch unterschiedlich stark auf die verschiedenen „Galaxie-Bereiche" wirken. Das bedeutet, dass ein bestimmter Sektor der Galaxie sich im Satya-Yuga befindet, während der diametral gegenüberliegende Teil im Kali-Yuga ist. Für das kleine Yuga und die spirituelle Entwicklung der Menschen auf der Erde spielt dies jedoch nur eine sehr untergeordnete Rolle.

d) Die hinduistischen Mantras

Mantras sind heilige Urklänge und ein fester Bestandteil der religiösen Praxis im Hinduismus. Sie stellen das Göttliche als Klang dar und werden zu den verschiedensten Ritualen, Zeremonien und während der Andachten verwendet. Durch ihre Rezitation wird die Aufmerksamkeit auf eine Gottheit fixiert, die dadurch verehrt wird. Dies kann laut hörbar beim Gesang oder auch im Stillen, wie bei der Meditation, erfolgen. Wichtig hierbei ist nur, dass bei der Rezitation das Klangmuster, welches jedes Mantra besitzt, erhalten bleibt, weil die heiligen Worte aus einer oder mehreren Klangsilben der altindischen Gelehrtensprache Sanskrit bestehen. Bei dieser Sprache sind die Klangbilder der Wörter identisch mit dem Schwingungsmuster der entsprechenden Objekte oder Handlungen, wie zum Beispiel bei dem Laut „Ma". Dieser bedeutet in den meisten Sprachen „Mutter" und wird interessanterweise von den meisten Kleinkindern auf der ganzen Welt benutzt, wenn sie ihre Mama rufen.

Eine inhaltliche Übersetzung von Mantras in eine andere Sprache ist aus Verständnisgründen möglich und sinnvoll, damit sich der Rezitierende mit deren Bedeutung identifizieren kann. Die Rezitation muss dennoch stets in Sanskrit erfolgen, da sonst das Klangmuster nicht mehr erhalten bleibt und die Mantras ihre Wirkung verlieren.

Die heiligen Mantras des Hinduismus lassen sich in drei Gruppen einteilen:

- Saguna-Mantras
- Nirguna-Mantras
- Bija-Mantras

Durch das Rezitieren von *Saguna-Mantras* wird eine bestimmte Gottheit beziehungsweise ein bestimmter Aspekt von Gott angebetet, beispielsweise Shiva in „Om namah Shivay", Rama in „Sri Ram jay Ram jay jay Ram" oder Kalki in „Om Hari Kalki namah". Viele dieser Art von Mantras sind im Hinduismus allgemein bekannt und werden deshalb von den meisten hinduistischen Gläubigen bei der täglichen Andacht rezitiert. Durch die Mantra-Rezitation ist es für den Gläubigen leichter, sein Bewusstsein auf Gott auszurichten, um sich so die innere Gegenwart Gottes zu vergegenwärtigen.

Durch die Rezitation von *Nirguna-Mantras* wird das Bewusstsein auf das formlose, transzendente Göttliche gerichtet. Das bekannteste Nirguna-Mantra ist das „OM", auch „AUM" geschrieben, welches den „hörbaren Urlaut der gesamten Schöpfung" darstellt. Dieser Laut entstand als erste Manifestation des unmanifestierten göttlichen Urgrunds (Brahman). Aus diesem Grund richtet dieses Mantra den menschlichen Geist wieder auf den Schöpfungsursprung aus, um sich seiner eigenen göttlichen Herkunft gewahr zu werden.

Bija-Mantras sind sehr kurze Mantras, die meist nur aus einer, selten aus zwei Silben bestehen. Hierbei handelt es sich meist um Kurzformen von Gottheiten, wie beispielsweise „Aim" für Sarasvati oder auch „Dum" für Durga. Deshalb werden Bija-Mantras auch Wurzel- oder Keim-Mantras genannt. Sie sollen laut alter Überlieferung sehr mächtig sein und werden daher hauptsächlich von Priestern bei religiösen Zeremonien rezitiert.

e) Die hinduistischen Gottheiten

Im Hinduismus werden zahlreiche Manifestationen des Göttlichen verehrt. Wenngleich auch nur eine davon, je nach „Glaubensrichtung", als persönlich wichtige Gottheit (Ishta Devata) angebetet wird, werden alle anderen Gottheiten gleichermaßen als geoffenbarte Manifestationen von Gott verstanden. So ist es für einen Hindu auch völlig normal, andere Gottheiten anzubeten, wenn er diesen in einem anderen Tempel begegnet. Selbst die verschiedenen Schöpfungsgeschichten der unterschiedlichen hinduistischen Glaubensrichtungen stellen kein wirkliches Problem für den Gläubigen dar, weil doch nur ein anderer Aspekt des e*inen einzigen Gottes* im Vordergrund steht.

Im Hinduismus sind bildliche Darstellungen und auch Statuen eines göttlichen Aspektes allgemein üblich und fester Bestandteil der Anbetung. Jede Gottheit besitzt jeweils eigene ikonographische Symboliken, damit der verkörperte göttliche Aspekt besser „begreiflich" für den Gläubigen ist.

Brahma

Der männliche schöpferische Aspekt von Gott wird durch Brahma verkörpert, einen der drei Hauptgötter des Hinduismus. Zusammen mit Vishnu und Shiva bildet er die *Trimurti*, die „Dreieinigkeit" dieser drei Gottheiten.

In den älteren heiligen Schriften des Hinduismus, den Upanishaden, wurde Brahma noch als die alles durchdringende göttliche Essenz beschrieben, aus der alles hervorgeht und wieder zurückfließt. Sie war allgegenwärtig, transzendent und besaß keinerlei eigene Gestalt, war unendliche, unveränderliche, immanente und transzendente Realität, der ewige Urgrund von allem, was jemals war, ist und sein wird. Erst in den darauf folgenden heiligen Schriften, den Puranas, wird Brahma als der Schöpfergott beschrieben, der sich zunächst selbst aus dem Brahman, dem formlosen Urgrund, erschaffen musste. Aus diesem Grund wird er auch in verschiedenen Hymnen als der „Aus sich selbst Entstandene" oder auch der „Lotos-Geborene" besungen. Brahma erschuf in einem einzigen Schöpfungsakt das gesamte Universum und alles Leben. Seither ruht er.

Auf Bildern wird er häufig mit vier bärtigen, rot-rosafarbenen Gesichtern gezeigt, von denen nur drei zu sehen sind. Damit schaut er gleichzeitig in die vier Himmelsrichtungen. In seinen vier Händen hält er die Veden, die Weisheit und die Naturgesetze symbolisieren sollen. Oftmals wird Brahma mit einem Schwan abgebildet. Dieser wird *Hamsa* genannt und ist sein Reittier, das die unendliche und reine Freiheit repräsentiert.

Der Brahma-Kult erlangte nie so große Popularität wie die anderen beiden Hauptrichtungen des Hinduismus. Selbst in öffentlichen Anbetungen und Ritualen stand Brahma stets gegenüber den anderen Gottheiten zurück. In Indien gibt es deshalb auch nur sehr wenige Tempel, die ihm gewidmet sind. Die bekanntesten sind in der Stadt Pushkar und im Bundesstaat Goa.

Heutzutage wird mehr der weibliche, schöpferische Aspekt Brahmas in Form von Sarasvati und Gayatri verehrt.

Vishnu

Der männliche erhaltende Aspekt Gottes wird durch Vishnu verkörpert. Er ist auch als der „Erhalter der Welten" und „Hüter und Bewahrer des kosmischen Gleichgewichts" bekannt. Auf Darstellungen hält er in einer seiner vier Hände ein Muschelhorn, auf dem er bei verschiedenen Anlässen bläst, ein Chakra, eine Art Wurfscheibe, die er im Verlauf einer Schlacht auf die Feinde schleudert, eine Keule, mit der er Asuras (böse Geister und Dämonen) bekämpft, und einen Lotos als Symbol der Reinheit und Weisheit.

Nach alten Überlieferungen erscheint Vishnu in Form eines Avatars auf Erden, wann immer das kosmische Gleichgewicht in Gefahr ist, unwiederbringlich verloren zu gehen. Er inkarnierte bereits einige Male in unserer Welt, unter anderem als Rama und Krishna, den beiden bekanntesten Inkarnationen Vishnus und den am meisten verehrten hinduistischen Gottheiten. Ihre Geschichten, wie das Ramayama und das Mahabharata mit der darin enthaltenen Bhagavad

Gita, kennt jeder Hindu. Aus diesem Grund lassen sich in Indien viele Tempel finden, in denen diese Inkarnationen Vishnus verehrt werden. Meist erfolgt keine direkte Anbetung von Vishnu, sondern die eines seiner Avatare, wie beispielsweise Rama. Auf Abbildungen wird er vorwiegend als ein junger König mit zwei Armen sowie Bogen und Pfeilen dargestellt. Häufig steht ihm auch seine Frau Sita zu Seite. Dieses Paar gilt selbst heute noch als das Symbol für Ehrlichkeit, Rechtschaffenheit, Zärtlichkeit und Treue. Die Gläubigen, die Rama verehren, rezitieren bei ihrer Andacht das Mantra: „Sri Ram jay Ram jay jay Ram."[2]

Krishna ist die achte und wohl auch bekannteste Inkarnation Vishnus. Für diesen Avatar gibt es drei verschiedene Darstellungsformen, die sich an sein damaliges „Erdenalter" anlehnen. In einer wird er als kleiner wohlgenährter Junge dargestellt, der stets vergnüglich ist. Eine andere, sehr verbreitete Darstellung zeigt ihn als Hirtenjungen, der eine Flöte spielt. Hierbei symbolisiert das Musikinstrument den Menschen, der nichts als ein toter Gegenstand ist, solange ihm nicht eine Gottheit ihren Atem verleiht. Die dritte Darstellung bezieht sich direkt auf die Bhagavad Gita. Hier ist er der Wagenlenker des Kriegers Arjuna auf dem Schlachtfeld von Kurukshetra und offenbart sich ihm im Gespräch als das göttliche, kosmische *Selbst*. Aus diesem Grund wird Krishna als die wichtigste Inkarnation Vishnus mit dem Mantra: „Hare Krishna, hare Krishna, Krishna Krishna, hare hare, hare Rama, hare Rama, Rama Rama, hare hare" verehrt.[3]

Den alten Schriften zufolge steht nun noch die letzte Inkarnation von Vishnu aus. Diese wird mit dem Ende unseres derzeitigen Kali-Yuga einhergehen. Vishnu wird dann als Kalki-Avatar auf die Erde kommen, die Dunkelheit vertreiben und ein neues Satya-Yuga ein-

---

2 Gesprochen: Schri Ram dschei Ram dschei dschei Ram, wobei das „r" gerollt wird.
3 Krishna wird als Krischna ausgesprochen, wobei das „r" wie bei Rama gerollt wird.

läuten. Dazu wird er wie ein Komet am Himmel erstrahlen und die Menschheit durch ein neues Dharma retten. Auf Abbildungen wird Kalki als schwarze Gottheit mit einem scharfen Schwert auf einem Schimmel dargestellt. Das Mantra zu seiner Verehrung lautet: „Om Hari Kalki namah."[4]

Das weibliche Pendant zu Vishnu ist die Göttin Lakshmi, die auch schon als Sita bei Rama und als Radha bei Krishna mit auf der Erde war. Ob Lakshmi zusammen mit Kalki inkarnieren wird, ist nicht überliefert.

Shiva

Der männliche zerstörerische Aspekt Gottes ist Shiva, was wörtlich übersetzt: „Glückverheißender" bedeutet. Mit Brahma, dem Schöpfer, und Vishnu, dem Erhalter, bildet er zusammen die Trimurti. Damit ein Neuanfang durch Brahma möglich ist, muss zunächst alles Alte zerstört und aufgelöst werden, was durch Shiva geschieht. Er ist es auch, der als Verkörperung der „Höchsten Wirklichkeit" die Verhaftung an die Materie, die Verschleierung durch Maya und alles, was dem Erlangen von Moksha im Wege steht, zerstört.

In der Shiva-Purana sind 1008 Namen für Shiva angeführt, die sich jeweils auf ein Attribut von ihm beziehen. Zu den häufigsten Beinamen zählen: Mahadeva – der „Große Gott", Nataraja – „König des Tanzes", Bhairava – der „Schreckliche", Rudra – der „Wilde" und Vishvanatha – „Herr des Universums".

Ähnlich seiner Namensvielfalt zeigen sich auf den verschiedenen Abbildungen auch die Gegensätze, die er verkörpert. So ist er auf einer sehr bekannten Darstellung, die ihn als „Gott der Askese" zeigt, allein auf seinem Berg Kailash in tiefste Meditation versunken, während er ganz anders bei der „Heiligen Familie" als Familienoberhaupt mit seiner Gemahlin Parvati und seinem Sohn Ganesha

---

4 Das „r" bei Hari wird gerollt.

zu sehen ist. Die typischen Attribute Shivas sind eine Mondsichel in seinem Haar und eine Kobra um seinen Hals. In seiner Hand hält er einen Dreizack, an dem eine kleine Doppeltrommel befestigt ist. Shiva gilt als größter aller Yogis und in Brahman aufgenommen. Gleichzeitig ist er auch der größte Lehrer, der den Göttern und Heiligen die Essenz der heiligen Texte offenbart, sowie ein Meister der Musik. Seine Rolle besteht sowohl in der Erhaltung als auch in der Zerstörung der Welt. Als Nataraja, als „König des Tanzes", tanzt er den kosmischen Tanz. Dies gilt als Symbol für die stetige Bewegung und Wandlung des Universums. Überzeugte Shivaiten glauben daran, dass die Welt untergeht, wenn Shiva aufhört zu tanzen. Da aber Shivas Tanz niemals aufhört, wird die Welt auch nie untergehen.

Unabhängig von seiner Erscheinungsform wird bei jeder Anbetung von Shiva das bekannte Mantra: „Om namah Shivay"[5] rezitiert. Obgleich etliche andere Darstellungen von ihm bekannt sind, wird bei Ritualen ein *Lingam* verehrt. Hierbei handelt es sich ursprünglich um einen naturbelassenen, meist ovalen Stein. Dieser symbolisiert die Schöpferkraft Shivas. Heute wird dieser als ein stilisierter Phallus dargestellt, welcher in einer *Yoni* (weibliche Vulva) steht und somit die Vereinigung von Göttlichem und Weltlichem symbolisiert. Das Lingam wird von den Gläubigen nicht als Phallus gesehen, sondern als ein Zeichen, in der sich alle Formen auflösen. Aufgrund der Tatsache, dass in shivaitischen Schriften die Formlosigkeit des Göttlichen betont wird, wird Shiva von seinen Anhängern selten als geoffenbarte Gottheit verehrt, sondern hauptsächlich in der symbolischen Form des Lingams.

---

5 Ausgesprochen: Om namah Schiwai

Trimurti

Brahma, Vishnu und Shiva bilden zusammen, wie bereits beschrieben, die Trimurti. In dieser Erscheinungsform gehen diese drei hinduistischen Hauptgottheiten mit deren unterschiedlichen und zum Teil auch gegensätzlichen Aspekten eine einander ergänzende Verbindung ein und verkörpern so das formlose Brahman. Trimurti symbolisiert den Ursprung alles Göttlichen, da sich in ihr die drei kosmischen Funktionen Erschaffen, Erhalten und Zerstören beziehungsweise Auflösen vereinen.

Außerhalb dieser Erscheinungsform besitzen zwar Vishnu und Shiva ebenfalls alle drei Aspekte, jedoch nicht gleichzeitig, wie in der Präsenz *des höchsten Seins,* wie in Trimurti. So erscheint beispielsweise Vishnu in seinem zerstörerischen Aspekt am Ende unseres Kali-Yugas als Kalki-Avatar, um die Dunkelheit zu bekämpfen, die das kosmische Gleichgewicht bedroht. Shiva hält als Nataraja, als „König des Tanzes", durch seinen Tanz die stetige Bewegung und Wandlung des Universums aufrecht, was einen erhaltenden Aspekt symbolisiert. Das Reittier von Shiva ist der Stier *Nandi,* welcher Fruchtbarkeit symbolisiert und damit einen Aspekt Brahmas verkörpert.

Auf Abbildungen wird die Trimurti entweder durch die drei Götter Brahma, Vishnu und Shiva nebeneinander dargestellt oder als eine einzige Gottheit mit drei Köpfen, zuweilen auch in einer dreiköpfigen Figur mit sechs Armen. Sie besitzt dabei Attribute von Brahma, wie den Wasserkrug, von Vishnu das Chakra und Muschelhorn sowie den Dreizack mit der kleinen Doppeltrommel von Shiva. Eine weitere Darstellungsform von Trimurti ist *Dattatreya,* in der er die ewig jugendliche Manifestation der göttlichen Drei-Einheit verkörpert. Hierbei ist der drei-gesichtige Jüngling oft in Begleitung einer Kuh zu sehen, welche sämtliche Wünsche erfüllt, und von vier Hunden, die die vier Veden verkörpern.

Shakti

Jede hinduistische Gottheit verkörpert lediglich einen Aspekt des *einen Gottes* und ist eine Manifestation von ihm. Neben den männlichen Gottheiten existieren auch weibliche, welche allgemein als *Shakti* bezeichnet werden. Sie stellen den aktiveren Teil der männlichen Gottheit dar, zu der sie gehören. Deshalb werden sie im Hinduismus auch vermehrt verehrt. Sehr stark vereinfacht könnte man sagen, dass die männlichen Gottheiten ein „Prinzip" verkörpern und die weiblichen dieses aktiv in die Welt tragen. Aus diesem Grund werden sie häufiger bei Problemen, Beschwerden, Nöten oder vor bestimmten Unternehmungen um Unterstützung gebeten.

Sarasvati

Der weibliche schöpferische Aspekt von Gott wird durch Sarasvati verkörpert. Während ihr männliches Pendant Brahma nach Erschaffung der Welt in Untätigkeit versank, belebt sie die Schöpfung durch stetige Neuschaffungen weiter. Sie inspiriert Künstler, Schriftsteller, Musiker, Maler und Bildhauer. Ihre Schüler lehrt sie durch Träume und Visionen und beantwortet auf diese Weise alle ihre Fragen. Dabei bringt sie sehr viel Geduld für ihre Schützlinge auf. Versteht sie einer nicht, schickt sie ihm so lange neue Botschaften, bis diese verstanden werden. Sarasvati liebt Räucherstäbchen aus reinem Sandelholz und mag es, wenn ihr Altar bei der Verehrung mit gelben Farben ausgeschmückt ist.

Auf Abbildern wird sie stets mit vier Armen dargestellt. Mit zwei Händen spielt sie die Vina, ein altindisches Saiteninstrument, symbolisch für die schöpferische Kraft. In einer anderen Hand hält sie eine Gebetskette (Mala), sowohl als Symbol für die bildenden Künste wie Malerei, Bildhauerei und Töpferei als auch für Meditation und Mantra-Rezitation. In ihrer vierten Hand befindet sich ein Buch, welches Wissenschaften, Poesie, Literatur und Bildung symbolisiert.

Der weiße Sari, mit dem Sarasvati meistens dargestellt wird, steht symbolisch für Reinheit. Ihr Reittier, der Pfau *Mayura*, sitzt mit ihr dabei zusammen häufig in wunderschöner Natur. Für die Verehrung von Sarasvati rezitieren die Gläubigen: „Om Aim Sarasvatyai Namah."[6]

Lakshmi

Die Gemahlin von Vishnu ist Lakshmi. Sie verkörpert den weiblichen erhaltenden Aspekt von Gott und steht für Wohlstand, Glück, Schönheit und Reichtum. Dies gilt nicht nur für das materielle Wohlbefinden, sondern vor allem auch für die geistige Harmonie. Ihren Anhängern verleiht Lakshmi Weisheit und führt sie direkt zu ihrem Gott. Sie hilft auch bei der Befriedigung von weltlichen Bedürfnissen und der Erfüllung materieller Wünsche, wenn man sie respektvoll darum bittet. Dafür erwartet sie absolute Hingabe und bedingungslose Liebe, ansonsten wendet sie sich sofort ab.

Wird Lakshmi auf einem Abbild zusammen mit Vishnu dargestellt, ist sie stets von kleinerer Gestalt als er. Sie präsentiert sich als seine schöne Gattin mit goldener, manchmal auch zart rosaner Körperfarbe und einem freundlich wohlwollenden Lächeln. Wird sie allein dargestellt, so hat sie vier Arme und hält dabei in zwei Händen jeweils eine Lotosblüte als Zeichen der Reinheit und höchsten Wirklichkeit. Gleichzeitig segnet sie mit der dritten Hand und lässt Gold oder auch Wasser aus der vierten Hand auf den Boden strömen. Häufig sitzt Lakshmi dabei in einem riesigen weißen Lotos und ist dabei gelegentlich von Elefanten flankiert.

Als Vishnu in Gestalt von Rama inkarnierte, folgte sie ihm als seine Gattin in Gestalt von Sita. Bei der achten Inkarnation Vishnus, als Krishna, stand sie ihm als seine Frau Radha zur Seite.

Sie schätzt es sehr, wenn der Raum, in dem sie verehrt wird, mit

---

6   gesprochen: Om Aim Saraswatyee-i Namah.

orangefarbenen Tüchern geschmückt ist oder sich ihre Anhänger in Orange kleiden. Außerdem liebt sie Räucherstäbchen mit der Duftnote Amber. Das Mantra für Lakshmi lautet: „Om Sri Maha Lakshmyai Namah."[7]

Parvati

Parvati ist die Tochter von Himavat, dem Gott des Himalaya, und Gemahlin von *Shiva*. Außerdem ist sie die Mutter von Ganesha. Ihr Name bedeutet „Tochter der Berge". Sie verkörpert die treue, geduldige, liebende und hingebungsvolle Ehefrau, da sie oftmals sehr lange Zeit allein bleiben musste, wenn ihr Gatte Shiva im Himalaya meditierte. Obwohl sie den weiblichen zerstörerischen Anteil Gottes verkörpert, ist sie in dieser Gestalt sehr gnädig, mütterlich, fürsorglich und freundlich. Auf der Abbildung „Die heilige Familie" ist sie mit ihrem Gatten Shiva und ihrem Sohn Ganesha, den sie auf dem Arm trägt, zu sehen. Nur selten wird sie allein als Parvati dargestellt. Häufiger findet man sie in den beiden bekannteren Erscheinungsformen Kali und Durga.

Kali

Kali, was wörtlich übersetzt „Die Schwarze" bedeutet, verkörpert den weiblichen und absolut zerstörerischen Aspekt Gottes. Sie ist eine der bekanntesten Erscheinungsformen von Parvati. Kali ist die Macht, welche die Zeit beherrscht und vergehen lässt. Alles entsteht aus ihr und wird auch wieder von ihr verschlungen. Sie repräsentiert die Kraft der Vernichtung sowie die göttliche Weisheit, die jede Illusion beendet.

Auf Abbildungen hat sie eine dunkelblaue oder auch schwarze Hautfarbe und vier Arme. In einer Hand hält sie ein Schwert, in ei-

---

[7] Gesprochen: Om Schri Maha Lakschmyee Namah, wobei das „r" gerollt wird.

ner anderen einen Dreizack, der die Zugehörigkeit zu Shiva symbolisiert. Mit einer Opferschale in ihrer dritten Hand fängt sie das Blut auf, welches aus einem frisch abgeschlagen Kopf fließt, den sie mit der vierten Hand am Schopf in die Höhe hält. Anstatt eines freundlichen Lächelns streckt sie ihre Zunge weit aus ihrem Mund heraus. Ihre Bekleidung besteht üblicherweise aus abgeschlagenen Köpfen und Armen, die sie um den Hals als Kette oder um die Hüften als Rock trägt. Die Darstellungen von ihr sollen einerseits erschrecken andererseits aber auch ihre Kampfbereitschaft zeigen. Kali tötet Dämonen und sucht Schüler, die an ihrer Seite gegen das Böse kämpfen. Bei ihrer Verehrung zählt für sie mehr die Persönlichkeit des Anhängers als das Ritual. Sie schätzt es, wenn ihre Anhänger als Zeichen der Verbundenheit Rot in ihrer Kleidung tragen. Im Gegensatz zu den anderen Göttinnen mag sie keinerlei Räucherstäbchen. Ihr Mantra lautet: „Om Kreem Kalikayai Namah."[8]

Durga

Durga ist eine der bedeutendsten Göttinnen, da sie die Urkraft verkörpert, die Leben schenkt, gleichzeitig aber auch nimmt. Zwar bedeutet Durga wörtlich „Die schwer Zugängliche", doch sie besitzt eine freundliche Erscheinungsform, in der sie Mensch und Tier nährt. Als Kämpferin ist sie die unbesiegbare Schirmherrin, die ihre vernichtende Kraft einsetzt, wenn die Erde von Dämonen bedroht wird. Auf Abbildungen wird Durga meistens allein mit einem Tiger oder Löwen gezeigt. Sie führt mit ihren acht Armen sämtliche Waffen wie Dreizack, Pfeil und Bogen, Schwert, Schild, Muschelhorn und Chakra (Wurfscheibe). Diese Vielzahl symbolisiert ihre absolute Unbesiegbarkeit. Gleichzeitig hält sie einen Wasserkrug, der Furchtbarkeit symbolisiert.

Durga schützt vor spirituellen Attacken und arbeitet mit ihren

---

8 Gesprochen: Om Kriem Kalikayee-i namah, wobei das „r" gerollt wird.

Schülern, indem sie diese konkret lehrt, sofern sie offen dafür sind und die entsprechenden Fähigkeiten besitzen, um ihre Botschaften zu verstehen. Ihre Lieblingsfarbe ist Rot, und sie mag Sandelholz-Räucherstäbchen in allen Variationen. Das Mantra zu ihrer Verehrung lautet: „Om Sri Durgayai Namah."[9]

Ganesha

Als Sohn von Shiva und Parvati gehört Ganesha zu den bekanntesten und beliebtesten Gottheiten im Hinduismus und ist sehr leicht an seinem typischen Elefantenkopf zu erkennen. Er ist der „Gott der Hindernisse". Diese kann er sowohl beseitigen als auch setzen, wenn sich jemand ihm gegenüber unangemessen verhält oder Hindernisse für ihn notwendig sind, um dadurch größeren Schaden von ihm abzuwenden. Wenngleich Ganesha der akribische Schutzherr von Wissenschaft, Schrift und Ausbildung ist, gilt er trotzdem als gnädig, gütig, menschenfreundlich und verspielt. Auf Abbildungen wird er als dickbäuchige Gottheit mit mindestens vier Armen dargestellt. Bei den Darstellungen mit seinen Eltern als „Die heilige Familie" ist er ein kleiner Junge auf den Armen seine Mutter Parvati. Ansonsten ist er allein mit seinem Reittier, einer Maus, in den verschiedensten Situationen zu sehen. Von streng und lehrend bis hin zu verspielt tanzend ist alles möglich, da er den Menschen und den irdischen Freuden sehr zugewandt ist. Dies versinnbildlicht eine Schale mit Naschwaren, die stets mit ihm zusammen zu sehen ist. Mit seiner stets freundlichen und sehr weltlichen Erscheinung verkörpert er ein vermeintliches Paradoxon, welches ausdrückt, dass sich irdische Genüsse und ein tiefgreifendes spirituelles Leben nicht miteinander vereinbaren lassen.

In Indien wird Ganesha von gläubigen Hindus um Unterstützung und Beistand gebeten, bevor sie irgendwelche neuen Unternehmun-

---

9   Gesprochen: Om Schri Durgaayee-i Namah, wobei das „r" gerollt wird.

gen, wie beispielsweise Reisen, Hausbau oder die Neueröffnung eines Geschäftes, tätigen. In den meisten indischen Geschäften ist wenigstens eine Abbildung von ihm zu finden, wenn nicht sogar eine kleinere oder größere Statue. Das Mantra zu seiner Verehrung lautet: „Om Gam Ganapataye Namah."[10]

f) Pilgerreisen

Die indische Bezeichnung „Tirthayatra" für Pilgerreisen setzt sich aus den Begriffen „Tirtha" (= Furt) und „Yatra" (= Reise) zusammen. Eine Furt ist eine seichte Stelle in einem Bach oder Fluss, an der dieser zu Fuß, mit einem Pferd oder einem Fahrzeug überquert werden kann. Sie steht für einen Übergang von einem Ufer zum anderen und dient in Indien als Sinnbild für den Übergang zu einer spirituellen Welt, an dem es möglich ist, den Göttern nahe zu kommen. Viele der Pilgerorte liegen tatsächlich an einem heiligen Fluss, andere auf einem heiligen Berg oder an Plätzen, denen aufgrund der hinduistischen Mythologie eine besondere Bedeutung zukommt. Pilgerfahrten zu solchen heiligen Orten stellen einen wesentlichen Bestandteil der hinduistischen Praxis dar.

Heilige Flüsse

Der **Ganges** (Mutter Ganga) ist der der zweitlängste und heiligste Fluss Indiens. Er erstreckt sich von seinem Ursprungsort im Himalaya in einer Gesamtlänge von 2600 km bis zum Golf von Bengalen.

Der Fluss setzt sich aus zwei Zuflüssen zusammen, dem Alaknanda, der in der Nähe des Pilgerortes Badrinath entspringt, und dem Bhagirathi, der sich in 4000 Metern Höhe in einer Eishöhle (Gaumukh) aus dem Schmelzwasser des Gangotri-Gletschers bildet und

---

10 Gesprochen: Om Gam Ganapatayee Namah.

über den Pilgerort Gangotri in 3140 Metern Höhe nach Devprayag fließt, wo er sich mit dem Alaknanda verbindet. Ab hier nennt man den Fluss Ganges.

Gaumukh, die Quelle des Ganges

An seinem weiteren Verlauf liegt Rishikesh, die bekannte Pilgerstadt am Fuße des Himalaya.

Berühmtheit erlangte diese durch die „Beatles", die dort längere Zeit in einem Ashram verbrachten. Rishikesh ist der Ausgangspunkt für Pilgerreisen zu den heiligen Orten im Himalaya. 30 km entfernt verlässt der Fluss in Haridwar, einer der sieben heiligen Städte Indiens, endgültig das Gebirge und tritt in die Tiefebene ein. Dort findet alle zwölf Jahre die Kumbha Mela statt, das größte Pilgerfest der Welt. Dieses wird alle drei Jahre in einer anderen Stadt veranstaltet und kommt alle zwölf Jahre auch nach Allahabad, der Stadt am Zusammenfluss der beiden heiligen Flüsse Ganges und Yamuna. 2013 wurde dieses Fest, das sich über einen Zeitraum von fünfundfünfzig Tagen erstreckte, von etwa einhundert Millionen Pilgern besucht.

Varanasi, auch Benares oder Kashi genannt, gilt als die heiligste Stadt des Hinduismus. Das Stadtgebiet wird durch zwei Flüsse begrenzt, die beide in den Ganges münden: Varuna im Norden und Assi im Süden. Entlang des Ganges befinden sich kilometerlange treppenartige Uferbefestigungen (Ghats), die für das rituelle Bad im Fluss genutzt werden. Genau wie an anderen heiligen Plätzen am Ganges werden dort aber auch Leichen verbrannt, um deren Asche in den Fluss zu streuen, oft nur einige Meter von den Badeplätzen entfernt. Wenigstens einmal in Varanasi im Ganges zu baden, gilt für strenggläubige Hindus als erstrebenswert. Viele träumen aber auch davon, in Varanasi zu sterben und ihre Asche an diesem besonderen Ort im Fluss zu hinterlassen. Sie glauben, dadurch Erlösung zu erlangen und aus dem Kreislauf der Wiedergeburten befreit zu werden.

Mündung der Flüsse Alaknanda (links) und Bhagirathi (rechts) in den Ganges

Nach der indischen Mythologie verkörpert der Ganges die Göttin Ganga. Wer die Göttin in dieser Form respektvoll verehrt und im rituellen Bad in den heiligen Fluss eintaucht, wird von Sünden reingewaschen. Ganges-Wasser wird für viele spirituelle Rituale verwendet, da es für Reinheit in höchster Form steht. Bei Pilgerreisen wird es in Plastikbehältern, die in Shops gleich neben den jeweiligen Tempeln angeboten werden, mit nach Hause genommen und bei der Andacht (Puja) zu Hause oder in einem nahegelegenen Tempel rituell verwendet.

Heilige Berge

Der wohl bekannteste heilige Berg für Hindus, Buddhisten und Jains ist der **Kailash**, der sich im heutigen Tibet und damit auf jetzt chinesischem Staatsgebiet befindet. Der Berg hat eine Höhe von 6638 Metern und darf niemals betreten werden. Er ist daher auch für Trekking-Touren tabu. Der Pilgerpfad führt um den vor dem Berg gelegenen Manasarovar-See, der auf einem dreiundfünfzig Kilometer langen Weg in einer Höhe von bis zu 5700 Metern im Uhrzeigersinn umrundet wird.

In den altindischen Schriften Ramayana und Mahabharata wird der Kailash beschrieben als der mythologische Berg Meru, der Sitz der Götter, Verbindung zwischen Himmel und Erde und Nabel der Welt. Gott Shiva soll von dort aus über das Schicksal der Menschen gebieten. In alten Überlieferungen wird als Ortsangabe jedoch nur der Himalaya angegeben; eine exakte geographische Position findet sich dort nicht.

Nach einer anderen Überlieferung soll sich der Thron der Götter ursprünglich auf dem Kailash im Kumaon-Gebirge befunden haben, das sich im Distrikt Uttarkhand von Haldwani über Almora bis nach Pithoragarh erstreckt. Als sich die Zivilisation von Delhi aus immer mehr nach Norden ausbreitete, sei der Sitz der Götter nach Tibet verlegt worden. Dieser Kumaon Kailash steht Pilgerreisenden offen und kann von dem kleinen Örtchen Haidakhan, das am Fuß des Berges liegt, bestiegen werden. Der strapaziöse Bergpfad führt in einem steilen Anstieg von 800 Metern bis zum Gipfel in ca. 2600 Metern Höhe. Bei klarem Wetter hat man dort eine klare Sicht bis zum 270 Kilometer entfernten Delhi.

Kumaon Kailash

Als heiligster Berg Südindiens gilt der **Arunachala**. Er ist 980 Meter hoch und erhebt sich über der Stadt Tiruvannamalai, 150 Kilometer südwestlich von Chennai (Madras) im Bundesstaat Tamil Nadu. Sein Gipfel besteht aus einem kahlen Kegel aus rötlichem Vulkangestein. Dort befindet sich eine schwarze, rußüberzogene Plattform, auf der bei religiösen Festen rituelle Feuer entfacht werden.

Der Name Arunachala bedeutet „Hügel des Lichts" und steht symbolisch für das göttliche Licht, das von dem Berg, der als Manifestation Shivas gilt, unsichtbar für physische Augen ausstrahlen soll. Bei der traditionellen Pilgertour wird der Berg, ähnlich wie beim tibetischen Kailash, im Uhrzeigersinn umrundet, wobei der Pilger frisch gewaschen, in frischer Kleidung und in einer meditativen Geisteshaltung, barfuß gehen soll. Der Weg ist gut geteert und vierzehn Kilometer lang. Sinnvoller ist es jedoch, den Berg zu besteigen, um auf dem Gipfel an einer Zeremonie teilzunehmen. Der Aufstieg ist äußerst beschwerlich, da der Weg nicht befestigt und größtenteils sehr steil ist. Er führt zum Teil über Felsbrocken, die stellenweise so groß sind, dass es erforderlich ist, zu klettern. Daher ist es ratsam, sich einen Bergführer zu nehmen. Da die kräftige Sonne Südindiens die Steine dermaßen aufwärmt, dass die Hitze bereits um 11 Uhr unerträglich wird, ist es sinnvoll, schon morgens um 5 Uhr zu starten.

Gemäß der Überlieferung wird durch den Aufstieg Körper und Geist infolge der spürbaren Präsenz Shivas gereinigt.

Ritualstelle auf dem Gipfel des Arunachala

Heilige Orte

Die bekannteste Pilgertour, **Char Dham Yatra** („Reise der vier Stätten"), umfasst vier heilige Orte am äußeren Rand Indiens, von denen jeder für eine Himmelsrichtung steht: Badrinath im Norden, Dvaraka im Westen, Puri im Osten und Rameshvaram im Süden. Aufgrund der großen Entfernungen ist es leider nur wenigen vergönnt, diese Reise durchzuführen.

Rameswaram

Beliebter ist daher die **Chota Char Dham Yatra** („kleine Reise der vier Stätten") im Norden Indiens, bei der die einzelnen Stätten per Taxi jeweils nur Tagesreisen voneinander entfernt sind. Die Tour beginnt in **Haridwar**, dem heiligen Ort am Ganges.

Haridwar

Von dort geht es weiter nach **Rishikesh**, wo die weitere Reise zu den heiligen Plätzen in den Bergen organisiert wird. Hier gibt es viele Reisebüros und Taxi-Unternehmen, die sich um alles kümmern, Hotels auf dem Weg buchen und abklären, inwieweit die Straßen offen sind. Dies ist vor allem während des Monsuns wichtig, der meist in die Hauptreisezeit fällt. Die Pilgerreise ist nur von Anfang Juni bis Ende Oktober möglich. Danach werden die Dörfer in den Bergen evakuiert, da dort im Winter bis zu sechs Meter hoch Schnee liegt. Erst wenn dieser Ende Mai geschmolzen ist, können die heiligen Plätze wieder gefahrlos betreten werden. Der Monsun beginnt in der Regel Mitte Juni. Oft aber setzt er erst Anfang August in voller Stärke ein und wird dann zu einer Gefahr für die Straßen im Himalaya, die wegen Erdrutschen immer wieder gesperrt werden müssen. Die Pilgerreise muss dann für ein bis zwei Tage unterbrochen werden, bis die jeweilige Straße repariert und wieder befahrbar ist. Im September endet normalerweise der Monsun, weshalb Mitte September bis Ende Oktober als beste Reisezeit gilt. Aufgrund der globalen

Erwärmung und der dadurch bedingten Klimaverschiebung bleibt der Monsun inzwischen vielfach im Juli/August vollständig aus und setzt dann äußerst vehement im September ein, so dass es zu katastrophalen Überschwemmungen kommt, wie das 2010 der Fall war.

Rishikesh

Yamunotri, die erste Station auf diesem Pilgerweg, befindet sich in einer Höhe von 3293 Metern. Der Yamuna-Tempel mit ein paar Häusern, Tee-Shops und einigen sehr bescheidenen Übernachtungsmöglichkeiten ist nur zu Fuß erreichbar, da die Straße in Janki Chatti, einem kleinen Dorf am Fuße des Gebirges, endet. In Janki Chatti, eine Tagesreise von Rishikesh entfernt, gibt es einige kleinere Hotels, und es besteht die Möglichkeit, Pferde, Sänften und Träger für das Gepäck zu mieten. Der Pfad nach Yamunotri ist mittlerweile sehr gut befestigt und nachts sogar spärlich beleuchtet, aber dennoch ziemlich strapaziös, da er teilweise sehr steil ist und über viele Treppen führt. Seine Länge beträgt zwar nur sechs Kilometer, aber es müssen 1200 Höhenmeter überwunden werden.

Der Yamunotri-Tempel ist der Göttin Yamuna geweiht, die für den gleichnamigen Fluss steht. Dieser beginnt oberhalb von Yamunotri in 4400 Metern Höhe in einem gefrorenen See an einem Gletscher.

Der Weg dorthin ist extrem schwierig und sehr gefährlich. Er wird daher nicht für Pilgertouren benutzt. Die tatsächliche Quelle des Yamuna-Flusses, die den gefrorenen See speist, liegt wesentlich höher – im Yamunotri-Gletscher in 6400 Metern Höhe.

Yamunotri Tempel

Gemäß der indischen Mythologie ist Yamuna die Tochter von Surya, dem Gott der Sonne, und Sangya, der Göttin des Bewusstseins. Gleichzeitig ist sie die Schwester von Yama, dem Gott des Todes. Heilige Waschungen im Fluss Yamuna sollen einen schmerzlosen Tod garantieren.

Der Tempel, in dessen Inneren sich eine Statue der Göttin Yamuna aus schwarzem Marmor befindet, darf, wie alle Hindu-Tempel, nur barfuß betreten werden. Das Erstaunliche ist, dass die Steinplatten vor und im Tempel warm sind, und das in einer Höhe von 3300 Metern bei meist sehr niedrigen Außentemperaturen. Der Grund dafür liegt in den heißen Quellen, die rund um den Tempel entspringen. Einige davon werden für religiöse Zeremonien genutzt, wie Surya Kund, die Surya, dem Gott der Sonne, gewidmet ist und in der rituell Reis gekocht wird, den der Pilger als *Prasad* (geheiligte Speise) mit nach Hause nimmt.

Gangotri, die zweite Station der Chota Char Dham Yatra, ist ein von hohen Bergen eng umschlossenes Dorf in 3140 Metern Höhe, das inzwischen relativ bequem mit Taxis und Bussen erreichbar ist. Die Straße von Uttarkashi im Bhagirathi-Tal bis nach Gangotri besteht jedoch an vielen Stellen aus weicher Erde und bricht während des Monsuns häufig ab, so dass sie oft für mehrere Tage nicht passierbar ist. Das kleine Dorf mit etwa 600 Einwohnern, zahlreichen Hotels, Unterkünften in jeder Preisklasse und einigen Ashrams gruppiert sich um den direkt am Bhagirathi-Fluß gelegenen Gangotri Tempel, dem Zentrum der Pilgerreise. Hier findet jeden Morgen die Puja (Andacht) für die Göttin Ganga statt, für die die Pilger auf dem geräumigen und bei schlechtem Wetter überdachten Vorplatz schon lange vorher Schlange stehen. Zuvor haben sie auf dem Weg zum Tempel in einem der Shops die Utensilien für die Zeremonie erworben, die sie auf einem etwa dreißig Zentimeter großen, runden Metalltablett mit sich tragen. Sobald die Tempelglocken den Beginn der Andacht einläuten, setzt sich die Prozession langsam in Bewegung, und die

Pilger betreten den Tempel auf der rechten Seite über eine kleine Treppe, geben ihr Tablett beim Priester ab, der für sie die kurze Puja vor der Statue der Ganga durchführt und ihnen anschließend einige gesegnete Stücke davon zurückgibt. Anschließend verlassen sie den Tempel durch das große Tor in der Mitte.

Gangotri Tempel

Unterhalb des Tempels befindet sich eine Promenade mit Treppen *(Ghats)* zum Bhagirathi, die bei entsprechender Witterung ein Bad im heiligen Fluss ermöglichen. Hier bieten auch Priester ihre Dienste für weitere Zeremonien an. Am gegenüberliegenden Ufer finden sich ebenfalls Ghats. Darüber gruppieren sich Hotels und Ashrams mit einer traumhaften Aussicht auf die Berge.

Gangotri ist der Ausgangsort für Pilgerreisen nach **Gaumukh**, der Quelle des Ganges in 4000 Metern Höhe. Der Weg führt auf der linken Seite des Flusstals auf einem vierzehn Kilometer langen, streckenweise gut befestigten, teils aber auch sehr schmalen Bergpfad mit mehrmaliger Überquerung eines steinigen Flussbetts nach Bhojbasa. Der winzige Ort besteht aus einer kleinen Ansammlung von Hütten, die äußerst bescheidene Massenunterkünfte bieten, einige Zelte und einen kleinen Ashram. Von Bhojbasa (3800 Meter) verläuft ein fünf Kilometer langer Pfad zum Rand des Gangotri-Gletschers, an dem aus einer Öffnung im Eis, die an das Maul einer Kuh erinnert, der Bhagirathi-Fluss entspringt. Daher kommt auch der Name Gaumukh (Kuhmaul). Die strapaziöse Pilgertour zu diesem Ort ist jedoch nicht Teil der Chota Char Dham Yatra. Da sie nicht ganz ungefährlich ist, benötigt man hierfür eine Genehmigung eines staatlichen Amtes für Pilgerreisen in Uttarkashi. Dadurch wird sichergestellt, dass maximal hundertfünfzig Personen und fünfzehn Pferde pro Tag diesen Weg beschreiten.

Kedarnath ist die dritte Station auf dieser Pilgerreise und befindet sich in einer Höhe von 3584 Metern in der Nähe der Quelle des Mandakini Flusses. Das Bergdorf Kedarnath, in dessen Mitte der gleichnamige Tempel steht, liegt am Fuß einiger eindrucksvoller schneebedeckter Himalaya-Berge mit einer Höhe von bis zu 6940 Metern. Da die befestigte Straße in Gaurikund in einer Höhe von 2000 Metern endet, ist es nur zu Fuß oder mit dem Pferd zu erreichen. Manche lassen sich auch auf einer Sänfte hochtragen. Der vierzehn Kilometer lange Bergpfad ist mittlerweile gut ausgebaut, teilweise sogar gepflastert und nachts beleuchtet. Aufgrund der vielen Treppen ist er aber nicht befahrbar. Alles Material muss mit dem Pferd oder dem Hubschrauber hochgebracht werden.

Der Kedarnath-Tempel gilt als einer der heiligsten hinduistischen Pilgerorte und beherbergt in seinem Inneren eines der zwölf Jyotir-

Lingams. Bei den Jyotir-Lingams handelt es sich um Steine (oft in einer Größe bis zu zwei Metern), die in der Natur gefunden wurden und das Licht Shivas bereits in sich tragen. Sie werden daher als Jyotir Lingams (Licht-Lingams) bezeichnet. Ihre Herkunft wird mythologisch erklärt, wobei sich unterschiedliche Geschichten um ihre Entstehung ranken.

Insgesamt existieren zwölf Jyotir-Lingams, die über ganz Indien verstreut sind. Eines davon befindet sich im Rameswaram-Tempel, dem südlichen Pilgerort der großen Char Dham Yatra.

Kedarnath Tempel

Badrinath, der vierte Ort dieser Pilgerreise, ist gleichzeitig auch eine Station der großen Char Dham Yatra und gehört, wie der Kedarnath-Tempel, zu den heiligsten Pilgerorten des Hinduismus. Der nach dem Tempel benannte Ort liegt in 3100 Metern Höhe am Ufer des Alaknanda-Flusses. Er ist umgeben von imposanten Himalaya-Riesen wie dem Nilkantha (6596 Meter) und dem zweiundsechzig Kilometer entfernten Nanda Devi (7816 Meter), dem zweithöchsten Berg Indiens. Das Dorf mit seinen etwa achthundert Einwohnern ist nur von Jyoshimath aus über eine sehr schmale, achtundvierzig Kilometer lange, einspurige Straße erreichbar. Die Fahrt ist nur in einer Richtung und zu festgelegten Zeiten möglich, wodurch es oft zu langen Schlangen von Autos, Taxis und Bussen kommt, die auf die nächste Passiermöglichkeit warten. Nachts herrscht absolutes Fahrverbot. Durch den Monsun leidet die Straße jedes Jahr stark und muss permanent ausgebessert werden. Daher lohnt es sich nicht, diese zu asphaltieren. Oft rutschen Teile der Straße infolge der starken Regenfälle und der dadurch bedingten Aufweichung des Bodens ab, so dass die Straße unpassierbar wird und der Verkehr für Stunden oder auch Tage stockt. Manchmal stürzen auch Felsbrocken herab und blockieren den Weg.

Badrinath ist einer der beliebtesten Pilgerorte Indiens und zählt pro Jahr bis zu eine Million Besucher. Da der Ort nur vierundzwanzig Kilometer von der chinesischen Grenze entfernt ist, gibt es dort eine starke Militärpräsenz.

Der Badrinath-Tempel ist einer von hundertacht Tempeln, die dem Gott Vishnu geweiht sind. Über seine Entstehung und Bedeutung ranken sich verschiedene Legenden. Eine davon besagt, dass Vishnu einst das Bergdorf besuchte, um seine Enthaltsamkeit und seine Meditation zu trainieren. Sein lokaler Name lautet daher Badrinarayan, abgeleitet von *Badri*, einem an diesem Ort häufig vorkommenden Baum mit essbaren Beeren, und Narayana, einer anderen Bezeichnung für Vishnu. Er ist der Herr von Badrinath, das sich aus Badri und *Nath* („Herr von") zusammensetzt. Der Tempel, der in buddhistischem Stil gebaut und bunt bemalt ist, besteht aus einer großen Halle mit Zeichnungen an den Wänden und einem dahinter gelegenen Heiligtum mit einer einem Meter hohen Statue von Vishnu in Gestalt von Badrinarayan. Diese ist aus schwarzem Stein gefertigt und steht unter einem goldenen Baldachin, der sich wiederum unter einem Badri Baum befindet.

Badrinath Tempel

2. Der spirituelle Weg des Yoga

a) Samadhi als Ziel des Yoga

Unter Selbstverwirklichung versteht man im Westen die Realisierung der eigenen Ziele, Wünsche, Begierden und Sehnsüchte, um der eigenen Persönlichkeit zur größtmöglichsten Entfaltung zu verhelfen. Im Yoga geht es dagegen um die Verwirklichung des eigenen Selbst.

Das Selbst (Atma) bezeichnet den transzendenten Urgrund unserer eigenen Existenz, jenseits von Raum und Zeit. Es ist formlos, eigenschaftslos, unwandelbar, unzerstörbar, unvergänglich und allgegenwärtig. Ohne Anfang und ohne Ende währt es ewig und unterliegt nicht den Beschränkungen des manifestierten Universums. Es ist reines, unmanifestiertes Sein und eins mit dem Urgrund allen Seins (Brahman). Dieses Sein in der Tiefe der eigenen Seele zu erfahren und eins mit ihm zu werden, ist das letztendliche Ziel des Yoga. In diesem Zustand existiert nichts mehr außer dem Selbst: Kein Raum, keine Zeit – nur ewiges Jetzt.

Dieses Einssein mit dem eigenen Selbst wird Samadhi genannt und stellt neben Wachen, Schlafen und Träumen einen vierten Bewusstseinszustand dar. Dieser ist unveränderlich, kann nur in tiefer Versenkung erfahren werden und unterscheidet sich vollkommen von den drei anderen, sich verändernden Bewusstseinszuständen. Der Meditierende ruht in einem Zustand unendlicher Glückseligkeit im eigenen Selbst. Er erlebt dieses Sein nicht so, wie Wachen,

Schlafen und Träumen erlebt wird – er *ist* dieses Sein. Aus diesem Grund lässt sich auch nicht beschreiben, was dabei erlebt wird, denn um etwas zu beschreiben, ist eine Trennung zwischen Subjekt und Objekt erforderlich. Im Samadhi ist dies nicht mehr der Fall. Der Wahrnehmende, der Vorgang der Wahrnehmung und das Objekt der Wahrnehmung sind eins. Der Meditierende ist eins mit seinem Selbst – er ist das Selbst.

Diese Form des Samadhi tritt in tiefer Meditation getrennt von den anderen drei Bewusstseinszuständen (Wachen, Schlafen, Träumen) auf. Danach endet die Vereinigung mit dem Selbst – der Meditierende kehrt wieder in den gewohnten Wachzustand zurück. Es gibt jedoch eine höhere Form des Samadhi, *Nirvikalpa Samadhi* genannt, die Vereinigung, die nicht mehr endet. Sie ist das eigentliche Ziel des Yoga. Hier bleibt Samadhi, das Einssein mit Atma, bestehen, während man wach ist, schläft oder träumt. Derjenige, der diesen erhabenen Zustand ewiger Glückseligkeit erreicht hat, ist für immer verankert im Selbst – er ist eins mit Brahman, dem göttlichen Urgrund.

b) Die unterschiedlichen Yoga-Wege

Der Begriff Yoga kommt aus dem Sanskrit und bedeutet so viel wie „Joch". Er ist abgeleitet von dem Verb „yuj", das sich mit „anschirren", „einspannen" oder auch „anjochen" übersetzen lässt. Yoga versteht sich als Weg zur Anschirrung des Körpers an die Seele mit dem Ziel, Nirvikalpa Samadhi oder die Verwirklichung des Selbst zu erlangen. Im Osten wird dieser Zustand mit „Erleuchtung" gleichgesetzt. Im Westen dagegen ist dieser Begriff vielschichtig und wird oft auch dafür verwendet, dass jemandem eine bestimmte Erkenntnis zuteil wird. „Erkenntnis" meint im Osten wiederum, dass jemand durchdrungen ist von dem Wissen über das entsprechende Objekt und dieses „realisiert" hat. Eine Person, die das Selbst „erkannt" hat, hat demnach das Selbst verwirklicht und verweilt im Zustand des Nirvikalpa Samadhi. Im Westen meint dieselbe Formulierung, dass jemand ein Buch darüber gelesen und den entsprechenden Sachverhalt verstanden hat. Dass hieraus fatale Fehlinterpretierungen resultieren und sich viele westliche Yoga-Enthusiasten für erleuchtet halten, versteht sich fast von selbst.

Um das endgültige Ziel, Verankerung im eigenen Selbst (Atma) und damit Einssein mit dem göttlichen Urgrund (Brahman), zu erlangen, gibt es unterschiedliche Pfade.

Raja Yoga

Raja Yoga, der „königliche" Yoga, beruht auf dem achtgliedrigen Pfad von Patanjali. Er wird daher auch als **Ashtanga Yoga** bezeichnet, abgeleitet von *Astha* (Sanskrit: acht) und *Anga* (Sanskrit: Glieder). Patanjali, ein indischer Weiser, der vor etwa 2000 Jahren gelebt hat, beschreibt in seinen Yoga-Sutras den Weg zur Befreiung (Kaivalya) in Form von 195 Aphorismen. Kaivalya definiert er [11] als „Gegründetsein im eigenen Wesen oder in der Kraft des reinen Bewusstseins".

Der Weg des Raja Yoga (*Raja*, Sanskrit: König, Herrscher) besteht in der stufenweisen Beherrschung des Geistes, indem dessen Bewegungen (Gedankenwellen) kontrolliert und schließlich zur Ruhe gebracht werden. Von Gedankenwellen entleert, ist der Geist fähig zur tiefen Versenkung (*Samapatti*), in welcher der Wahrnehmende, der Vorgang der Wahrnehmung und das Objekt der Wahrnehmung eins sind. Hieraus entsteht schlussendlich Samadhi.

Raja Yoga besteht aus den acht Gliedern:
1. Yama (Regeln im Umgang mit anderen Menschen)
2. Niyama (Regeln im Umgang mit sich selbst)

---
11 Dietmar Kämer, Die Weisheit der Yoga-Sutras von Patanjali, Norderstedt 2012, BOD-Books on Demand, S.142

3. Asana (Körperhaltung)
4. Pranayama (Regulierung des Atems)
5. Pratyahara (Zurückziehen der Sinne)
6. Dharana (Fokussierung der Gedanken)
7. Dhyana (Meditation)
8. Samadhi (Einssein)

Yama beinhaltet Gewaltlosigkeit (*Ahimsa*), Wahrhaftigkeit (*Satya*), Nicht-Stehlen (*Asteya*), Handeln im Bewusstsein eines höheren Ideals (*Brahmacarya*) und Genügsamkeit (*Apigraha*).

Niyama steht für Reinheit (*Shaucha*), Zufriedenheit (*Santosha*), Selbstdisziplin (*Tapas*), Selbststudium (*Svadhyaya*) und Hingabe an den göttlichen Funken (*Ishvara Pranidhana*).

Asana bezeichnet bei Patanjali lediglich die Körperhaltung in der Meditation. Diese sollte stabil und angenehm sein, damit der Körper vollkommen entspannt ist. Um stabil zu sitzen, ist jedoch eine gewisse Anspannung erforderlich, um den Körper in einer aufrechten Position zu halten. Der Geist sollte gleichzeitig in einen Zustand völliger Entspannung gebracht werden. Erst aus dieser Polarität von körperlicher Spannung und geistiger Entspannung ist, laut Patanjali, tiefe Versenkung möglich.

Wichtig dabei ist, dass die Sitzhaltung ohne Anstrengung über einen längeren Zeitraum eingenommen werden kann. Leider ist dies aufgrund von Verspannungen, Wirbelblockaden und schwach ausgebildeter Muskulatur nicht jedem Praktizierenden möglich. Aus diesem Grund kamen später Übungen (Asanas) dazu, die den Körper kräftigen und mobilisieren sollten. Daraus entwickelte sich mit der Zeit ein eigenes System, bei dem gesundheitliche Aspekte im Vordergrund stehen.

Dieser **Hatha Yoga** ist mittlerweile die bekannteste und im Westen am häufigsten praktizierte Form des Yoga. Er beruft sich ebenfalls auf das System von Patanjali und schließt Atemübungen und in geringerer Form auch meditative Praktiken mit ein. Der Schwerpunkt liegt jedoch auf den Körperübungen.

Pranayama ist die Regulierung des Atems. Sie dient zur weiteren Vertiefung der Entspannung und damit als Vorbereitung für die Versenkung (*Samapatti*). Hierbei wird der Atem beobachtet und sanft beeinflusst, indem die einzelnen Atemphasen möglichst anstrengungslos verlängert und die Atemzüge vertieft und verlangsamt werden. Da der Atem unser inneres Tempo bestimmt, ist es dadurch möglich, eine Beruhigung des Geistes zu bewirken, um die Gedankenwellen zur Ruhe zu bringen.

Bei Patanjali dienen diese Atemübungen lediglich der Vorbereitung der Meditation. Im Hatha Yoga sind sie mit den Asanas gekoppelt.

Pratyahara bedeutet Zurückziehen der Sinne und ist die Voraussetzung für die nächsten beiden Schritte: Fokussierung der Gedanken (Dharana) und Meditation (Dhyana). Indem wir ein Objekt betrachten, entsteht eine Verbindung zwischen dem Sehenden und dem Gesehenen. Die daraus resultierende Anhaftung fixiert unsere Aufmerksamkeit auf die materielle Welt und erweckt Wünsche und Begierden, deren Befriedigung in den Vordergrund unseres Sehnens und Strebens rückt. Wird unser Geist davon dominiert, ist die Hinwendung nach innen nicht möglich.

Pratyahara bewirkt, dass sich der Geist nicht mit äußeren Objekten verbindet und daher in der Lage ist, sich zu fokussieren.

Dharana ist die Fokussierung der Gedanken und die Bindung des Geistes an ein Objekt.

Voraussetzung dafür ist eine stabile und entspannte Sitzhaltung (Asana), die Beruhigung des Geistes mittels Atemregulierung (Pranayama) und ein Zurückziehen der Sinne (Pratyahara) mit geschlossenen Augen, um die Anhaftung an das Gesehene aufzulösen. Sobald die Gedankenwellen zur Ruhe gekommen sind, konzentriert man sich auf das entsprechende Objekt, etwa ein spezielles Chakra oder eine Gottheit, die man sich bildlich vorstellt.

Dhyana (Meditation) bedeutet, einen einzigen Gedankenstrom aufrechtzuerhalten und die Fokussierung der Gedanken (Dharana) kontinuierlich fortzuführen, so dass außer dem Objekt, auf das unsere Aufmerksamkeit gebündelt wird, nichts mehr existiert – keine Gedanken, keine Gefühle, im Idealfall nicht einmal körperliche Empfindungen, da die Sinne durch Pratyahara zurückgezogen wurden und Sinneswahrnehmungen (z. B. Hitze, Kälte, äußere Geräusche) keine Beachtung mehr finden.

Samadhi (Einssein) geschieht, wenn bei der kontinuierlichen Fokussierung der Gedanken jegliche Ablenkung durch andere Gedanken, Gefühle oder Sinneswahrnehmungen verschwindet, so dass nur noch das Objekt allein existiert und gleichzeitig das, was wir irrtümlich für unser Selbst halten (das „wandelbare" Selbst), so weit in den Hintergrund tritt, bis es schließlich ebenfalls verschwindet. Dann löst sich die Trennung von Subjekt und Objekt auf, beide werden eins. Jetzt existiert nichts mehr außer Atma, unserem wahren Selbst – kein Raum, keine Zeit, nur ewiges Jetzt. Daraus entsteht *Kaivalya* (Befreiung), ein Zustand, in dem das Bewusstsein ohne Unterbrechung im eigenen Selbst verankert bleibt. Dies geschieht, wenn die Vereinigung nicht mehr endet und neben Wachen, Träumen und Schlafen weiterbesteht.

Samadhi lässt sich nicht durch irgendeine Meditationstechnik hervorrufen. Es ist nur möglich, die Bedingungen dafür zu schaffen, damit dieser Zustand entstehen kann.

Jnana Yoga

Jnana Yoga ist der Weg des Wissens (*Jnana*, Sanskrit: Wissen) und beruht auf der Advaita Philosophie, der Lehre der „Nicht Zweiheit". Diese besagt, dass jedes individuelle Selbst (Atma) eins ist mit der Weltseele (Brahman), und dass letztendlich alles Bewusstsein ist. Wichtigster Vertreter dieser Richtung war Shankara, der Anfang des 9. Jahrhunderts lebte.

Als Ursache für jegliches Leid gilt im Jnana Yoga das Nicht-Wissen (*Avidya*), das letztlich für unsere Unfreiheit und den damit verbundenen Zyklus der Wiedergeburten (*Samsara*) verantwortlich ist. Ziel dieses Yoga ist es, durch klare Unterscheidung (*Viveka*) die letzte Wirklichkeit, das Einssein mit Brahman, dem göttlichen Urgrund, zu erfassen und dadurch *Moksha* (Erlösung vom Kreislauf der Wiedergeburten) zu erlangen. Der Weg ist die Unterscheidung der manifesten, vergänglichen Welt der Erscheinungen von der unmanifestierten, unvergänglichen Natur unseres wahren Wesens. Hierzu gehört in erster Linie die intensive Beschäftigung mit Fragen wie: „Wer bin ich?"; „Woher komme ich?"; „Wohin gehe ich?" Der Praktizierende ist daher unablässig bestrebt, sich seiner wahren Natur in all seinen Handlungen, Gefühlen und Gedanken bewusst zu werden.

Ähnlich den Regeln des Raja Yoga im Umgang mit anderen Menschen (Yama) und im Umgang mit sich selbst (Niyama) gibt es auch hier Eigenschaften, die der Praktizierende verwirklichen sollte:

1. *Viveka* (Unterscheidungsfähigkeit)
2. *Vairagya* (Verhaftungslosigkeit)
3. *Shad Sampat* (sechs Tugenden)
4. *Mumukshutva* (Verlangen nach Erlösung)

Viveka ermöglicht es, zwischen dem Wirklichen und dem, was unwirklich und daher nicht wahrhaftig ist, zu unterscheiden.

Vairagya bezeichnet eine Gelassenheit und Wunschlosigkeit gegenüber Dingen, die auf unserem Weg hinderlich sind und uns davon abhalten, die Wahrheit zu finden.

Shad Sampat besteht aus *Sama* (Geisteskontrolle), *Dama* (Sinneskontrolle), *Uparati* (Entsagung von schädlichen Handlungen), *Titiksha* (Ausdauer), *Shraddha* (Glaube) und *Samadhana* (Konzentration auf das Wesentliche).

Mumukshutva bezeichnet die treibende Kraft auf dem Weg des Yoga: Der Wunsch nach Befreiung und Erkenntnis.

Vier edle Wahrheiten begleiten den Suchenden als Leitsprüche (*Mahavakyas*) auf dem Weg:
1. *Tat tvam asi*   Du bist DAS
2. *Aham brahmasmi*   Ich bin Brahman
3. *Ayam atma brahma*   Das individuelle Selbst (Atma) und die Weltseele (Brahman) sind eins
4. *Prajnanam brahman*   Bewusstsein ist Brahman

Die Praxis des Jnana Yoga besteht aus vier Phasen:
1. *Shravana* (Zuhören)
2. *Manana* (Nachdenken)
3. *Nididhyasana* (Meditieren)
4. *Anubhava* (Verwirklichen)

Shravana bedeutet, dass der Schüler seinem spirituellen Meister zuhört und von diesem die Weisheit des Jnana Yoga empfängt. Sollte das nicht möglich sein, besteht die Alternative im Lesen der heiligen Schriften (z.B. der Ashtavakra Gita). Diese beinhalten in der Regel das Zwiegespräch zwischen dem Meister, der lehrt, und dem Schüler, der Fragen stellt.

Manana ist das intellektuelle Reflektieren des Gehörten (oder Gelesenen), um dieses zu verinnerlichen.

Nididhyasana bedeutet das Transzendieren der verstandesmäßigen Interpretation in der Meditation, um dadurch zur wahren Erkenntnis zur gelangen. Die allerletzte Erkenntnis ist Atma, unser wahres Selbst.

Anubhava ist das Verwirklichen und bedeutet Einswerdung mit Atma, das identisch ist mit Brahman. Dies ist das endgültige Ziel des Jnana Yoga und meint nichts anderes als Nirvikalpa Samadhi.

Karma Yoga

Karma Yoga ist der Yoga des selbstlosen Handelns und basiert auf den Lehren der Bhagavad Gita.

Er versteht sich als Weg, sich von den Folgen unserer Handlungen zu befreien, um dadurch *Moksha* zu erlangen. Karma bezeichnet die Auswirkungen unserer Taten, denen wir nach dem Gesetz von Ursache und Wirkung nicht entrinnen können. Sie binden uns an diese Welt und sind verantwortlich dafür, dass wir wieder und wieder zu ihr zurückkehren.

Die Grundidee des Karma Yoga besteht darin, zu handeln, ohne nach den Früchten des Handelns zu trachten, und stattdessen die Früchte des Handelns Gott zu überlassen. Dies bedeutet, seine Arbeit Gott zu weihen und sich bei jeder Tätigkeit, selbst bei jedem Atemzug, bewusst zu sein, dass wir alles, was wir tun, nur für Gott und seine Schöpfung verrichten, nicht für uns selbst. Ganz konkret heißt das, alles zu tun, was getan werden muss, ohne zu überlegen, welchen Lohn wir dafür erhalten, weder in dieser noch in einer anderen Welt. Dies bedeutet auch, das Ergebnis unserer Bemühungen Gott zu überlassen, unabhängig davon, ob unser Handeln von Erfolg oder Misserfolg gekrönt ist. Dabei sollten wir stets verantwortungsvoll und mit persönlichem Engagement agieren, gerade weil wir es nicht für uns selbst, sondern für Gott und seine Schöpfung vollbringen.

Karma Yoga beinhaltet keine speziellen Praktiken, wie sie im Raja Yoga und im Jnana Yoga üblich sind. Es geht allein um die Ausrichtung unseres Geistes bei alltäglichen Handlungen, die dadurch, dass wir sie Gott widmen, zum Dienst an Gott erhoben werden. Hierdurch verlieren wir unsere Fixierung auf uns selbst und auf die materielle Welt. Karma Yoga ist daher der einfachste Weg zur Beseitigung von Anhaftung und befreit unseren Geist von allen Hindernissen, die uns bei unserer Suche nach unserem wahren Selbst im Wege stehen. Ein weiterer Aspekt des Karma Yoga besteht darin, dass wir die Verkettung von Ursache und Wirkung aufsprengen, indem wir die Früchte unserer Handlungen Gott weihen und selbst „unbefleckt" bleiben. Wir schaffen durch Werke, die wir in diesem Bewusstsein vollbringen, kein neues Karma, das wir zu einem späteren Zeitpunkt wieder abarbeiten müssen.

Karma Yoga wird oft zusammen mit anderen Yoga-Arten praktiziert, hauptsächlich mit Bhakti Yoga. Zu diesem Zweck gibt es in den meisten Ashrams (Klöstern) Karma-Yoga-Projekte, die darin bestehen, dass Bewohner und Gäste, die mehrere Tage dort verbringen, selbstlos mithelfen, ohne einen Lohn dafür zu empfangen.

Bhakti Yoga

Bhakti Yoga ist der Yoga der liebenden Hingabe an Gott. Im Gegensatz zu Jnana Yoga, bei dem der Verstand benutzt wird, um den göttlichen Urgrund (Brahman) zu erkennen, dient im Bhakti Yoga das Gefühl als Weg, um sich Gott zu nähern. Die Fokussierung erfolgt hier jedoch nicht auf die unmanifestierte, transzendente Form

Gottes, sondern die geoffenbarte Gottheit (*Sadashiva*), die sich in verschiedenen Aspekten manifestiert. Meist wird die Gestalt Gottes verehrt, zu der sich der Praktizierende am meisten hingezogen fühlt. Sie wird in Indien als *Ishta Devata* bezeichnet.

Für die Gottesverehrung gibt es im Bhakti Yoga verschiedene Formen:
- *Puja* (rituelle Andacht)
- *Bhajans* (Singen von religiösen Liedern)
- *Kirtan* (Rezitieren von Lobpreisungen und Mantras)
- *Japa* (stetes Wiederholen von Mantras in Gedanken oder Worten)

Puja bedeutet „Verehrung" oder auch „Anbetung" und bezeichnet eine religiöse Zeremonie, bei der Opfergaben vor dem Bildnis einer Gottheit oder einer Statue dargebracht werden. Meist handelt es sich dabei um Licht (z.b. brennendes Kampfer, das vor dem Altar geschwenkt wird), Reis, Obst und eine Kokosnuss. Neben der Anrufung der verehrten Gottheit werden Lobpreisungen gesungen, die teilweise in Sanskrit, teilweise auch in einer der lokalen Sprachen gehalten sind.

Bhajans sind religiöse Lieder, die von mehreren Gläubigen gemeinsam gesungen werden, begleitet von Trommeln, Zimbeln, Tamburinen und einem indischen Harmonium. Sie dienen der Hingabe an Gott und beinhalten die Liebe zu der von ihnen verehrten Gottheit. Bhajans werden hauptsächlich im Rahmen eines Gottesdienstes im Anschluss an die Puja gesungen. Es gibt aber auch Konzerte, in denen Musiker und Publikum gemeinsam Bhajans singen, teilweise in Form von Wechselgesängen.

Kirtan bezeichnet das Rezitieren von Lobpreisungen und Mantras in Form von sich stets wiederholenden Gesängen. Mantras sind religiöse Wortfolgen, die hauptsächlich den Namen einer Gottheit beinhalten. Die einzelnen Stücke werden entweder gemeinsam rezitiert oder von einer Person vorgesungen und dann von der Gruppe wiederholt. Begleitet werden sie mit denselben Instrumenten wie Bhajans, unterscheiden sich von diesen jedoch durch die wesentlich kürzeren Texte.

Japa bedeutet „flüstern" oder auch „murmeln" und bezeichnet das Wiederholen des Namens einer Gottheit oder eines Mantras. Oft wird zu diesem Zweck eine Gebetskette (Mala) verwendet. Dabei wird die Kette zwischen Mittel- und Ringfinger der rechten Hand gehalten und mit jeder Wiederholung des Mantras mit dem Daumen eine Perle weitergeschoben. Die Rezitation kann laut, leise oder auch nur in Gedanken erfolgen. Eine andere Methode besteht darin, während der Arbeit innerlich ein Mantra zu wiederholen, um damit eine ständige Verbindung zu Gott zu halten.

c) Guru und Ashram

Das Sanskritwort *Guru* setzt sich nach den Lehren der Upanishaden aus den Wurzeln „gu" (Dunkelheit) und „ru" (Auslöscher) zusammen. Der Begriff Guru bezeichnet demnach einen verwirklichten Meister, der in der Lage ist, die Dunkelheit seines Schülers zu vertreiben, was gleichbedeutend mit der Beseitigung von Unwissenheit (Avidya) ist. Das setzt voraus, dass dieser selbst von jeglicher Dunkelheit befreit ist, keinerlei Anhaftung an die materielle Welt besitzt und frei von Karma und dem Einfluss der Maya ist, da er nur das weitergeben kann, was er selbst verwirklicht hat. Im Konkreten bedeutet das, dass er eins mit Gott sein muss, gemäß der hinduistischen Lehre, dass Gott, Guru und Selbst letztlich eins sind. Im strengen Sinne heißt dies, dass er Nirvikalpa Samadhi, also Erleuchtung, erlangt hat. Spirituelle Meister, die einen so hohen Grad an Verwirklichung erreicht haben, sind jedoch extrem selten. Guru steht daher für jemanden, der in Verbindung mit einer Gottheit (seiner Ishta Devata) steht, die durch ihn wirkt. Hat er selbst sein finales Ziel, Einssein mit Atma, dem göttlichen Urgrund, erreicht, spricht man von einem erleuchteten Meister.

Durch seine eigene Verwirklichung hat der Guru das Recht, die Wahrheit neu zu interpretieren, um sie seinen Schülern verständlich zu machen. Hieraus entstehen teilweise völlig neue Ansätze, wie etwa der *Integrale Yoga* von Sri Aurobindo. Auf diese Weise erneuert sich der Hinduismus ständig selbst und verharrt nicht in einer dogmatischen Anwendung überlieferter Riten und Praktiken, wie das bei vielen anderen Religionen der Fall ist. Allerdings existieren dadurch auch sich scheinbar widersprechende Lehren, ohne dass irgendein indischer Gelehrter daran Anstoß nimmt. Für westliche Aspiranten ist dies oft verwirrend, da sie sich eher intellektuell mit deren Inhalten auseinandersetzen, statt zu verstehen, dass es hier nicht um wissenschaftliche Fakten, sondern um spirituelles Wissen geht, dessen Ziel darin besteht, den spirituellen Weg und die damit verbundenen Praktiken nachvollziehen zu können. Die Verwirrung wird umso größer, je mehr sich diese Menschen verschiedenen Gurus zuwenden und deren Lehren vermischen. Die Tradition des Yoga besagt, dass man nur einen Guru haben kann. Es ist jedoch nicht möglich, sich diesen auszusuchen – der Meister sucht sich seinen Schüler und nicht umgekehrt. Daher sind nur wenige, die einem Guru und dessen Lehren folgen, tatsächlich Schüler (*Chelas*). Bei den anderen handelt es sich um Anhänger, Devotees, wie sie in Indien genannt werden.

Daneben gibt es Lehrer (*Acharyas*), die von ihrem Meister speziell ausgebildet werden, um andere in den praktischen Übungen und deren theoretischen Grundlagen zu unterweisen. Der Guru selbst lehrt weniger durch Worte als durch seine physische Präsenz (*Darshan*). Er stillt den Wissensdurst durch seine bloße Gegenwart und bringt den unruhigen Geist zum Schweigen, damit die Schüler die Tiefe ihres eigenen Selbst erfahren können. Dies gilt jedoch nur für diejenigen die für ihn offen sind, andere spüren diesen Effekt nicht.

Mit seinen Schülern ist er ständig verbunden, sie spüren seine Gegenwart, auch auf die Entfernung, und können ohne Worte mit ihm korrespondieren. Bei ihnen ist seine Führung direkt, ohne Umwege über Lehrer, die nur theoretisches Wissen vermitteln können. Auf diese Weise lehrt der Guru seine Schüler durch Träume, in denen er ihnen erscheint, durch Begegnungen, die er arrangiert, spirituelle Erfahrungen während der Meditation, die er ermöglicht, wenn der Schüler dafür offen ist, und Warnungen, die der Schüler spürt, wenn er Fehler macht oder in Gefahr gerät.

Shiva-Tempel mit Kirtan-Halle, Haidakhan Vishwa Mahadham Ashram, Indien

Der Begriff Ashram bedeutet übersetzt „Ort der Anstrengung" und bezeichnet ein spirituelles Zentrum, vergleichbar mit einem Kloster. Ein Ashram entsteht, wenn ein Guru Anhänger um sich sammelt und diese in selbstloser Arbeit und mit Hilfe von Spenden Räumlichkeiten zur Verfügung stellen, in welchen der Guru wirken kann. Geld darf dieser niemals für seine Belehrungen verlangen, dies würde gegen ein heiligen Gebot verstoßen. Für seinen Lebensunterhalt sorgen die Anhänger auf freiwilliger Basis und durch direkte Unterstützung, indem sie zusammen mit ihm leben, den Ashram aufbauen und am Leben erhalten. Meist wird als Erstes eine Unterkunft für den Guru und ein Tempel mit einer Kirtan-Halle gebaut, in der religiöse Lieder (Kirtan) gesungen werden und in der das Darshan stattfindet. Es folgen Unterkünfte für Gäste und ständige Ashram-Bewohner, die dem Meister dienen.

Die Unterhaltung und Erweiterung des Ashrams erfolgt durch Karma-Yoga-Projekte, an denen auch Gäste mitbeteiligt werden, sobald sie länger als ein paar Tage bleiben. Karma Yoga bedeutet in diesem Kontext: Selbstloser Dienst für andere, ohne einen eigenen Nutzen daraus zu ziehen. Dies beinhaltet unter anderem mehrere Stunden Arbeit in der Küche, im Garten oder beim Bau von neuen Gebäuden. Dafür bezahlen Gäste für Übernachtung und Verpflegung nur einen minimalen Betrag, der lediglich die tatsächlichen Kosten deckt. Aus diesem Grund erzielt ein Ashram keine Gewinne. Gelder für neue Projekte kommen ausschließlich aus Spenden. Finanzielle Überschüsse werden stets für soziale Projekte verwendet. Auf diese Weise entstehen im Umfeld von Ashrams Schulen, Sozialstationen, Krankenhäuser und viele andere Hilfsprojekte, die vom Ashram aus betrieben und unterhalten werden. Die Krankenhäuser arbeiten auf Wohlfahrtsbasis und stellen ebenfalls nur ihre tatsächlichen Kosten in Rechnung, wodurch die medizinische Behandlung auch für Arme erschwinglich ist.

Gästehaus, Haidakhan Vishwa Mahadham Ashram, Indien

Manche dieser Kliniken betreiben inzwischen auch ayurvedische Abteilungen, die westlichen Besuchern sehr günstige Ayurveda-Kuren ermöglichen.

Charity Hospital, Ananda Puri Ashram, Chilianaula (Rhaniket), Indien

Stirbt der Guru, übernimmt der von ihm zu Lebzeiten bestimmte Schüler seine Nachfolge. Auf diese Weise entsteht eine Tradition von Meistern („Guru-Linie"), die dessen speziellen Yoga-Weg in derselben Weise weiterlehrt. Steht kein Nachfolger zur Verfügung, wird der Ashram von einem Komitee verwaltet und das spirituelle Wissen über Lehrer (Acharyas) weitergegeben.

3. Ekstase als Ziel des Tantra

a) Der tantrische Ansatz

Der Begriff *Tantra* stammt aus der altindischen Gelehrtensprache Sanskrit und besteht aus den beiden Wurzeln „tan" und „tra". *Tan* bedeutet so viel wie „Gewebe" oder „Faden" und *tra* „rettend, beschützend" oder auch „haltend". Tantra wird daher als zusammenhaltendes Gewebe, als Stränge eines Zopfes oder auch als Webstuhl verstanden. Sinnbildlich sollen die tantrischen Praktiken die überlieferten Konzepte zu einem *Teppich der Erleuchtung* verweben.

Tantrismus versteht sich selbst als effektiver, ganzheitlicher Ansatz zur Selbstverwirklichung und dem Erleben höchster Ekstase. Hierbei geht es um die vollständige Befreiung von allen Fesseln und die Transformation des gewöhnlichen Bewusstseins in ein ekstatisches. Dazu bedient sich Tantra verschiedener Methoden, wie beispielsweise spezieller Meditationen und Rituale mit Mantras, Mudras und Yantras, spezieller Visualisationen sowie Energie- und Atemübungen zur Kundalini-Erweckung. Einige der Techniken sind bereits aus dem Yoga bekannt. Der signifikante Unterschied zwischen Yoga und Tantra besteht jedoch darin, dass bei letzterem alles erlaubt ist, da laut tantrischer Vorstellung letztlich alles „funktioniert". Daher wird nichts durch moralische Vorstellungen und Gebote reglementiert. Jede Form von Askese oder Verzicht wird strikt abgelehnt, da der Weg „durch die Welt" führt, während Yoga aus tantrischer Sicht als „Flucht vor der Welt" angesehen wird. Letztendlich entstand der Tantrismus aus dem Wunsch, das erstarrte überlieferte System zu überwinden. Dennoch lässt sich Tantra nicht klar von anderen hinduistischen Glaubensformen und Traditionen abgrenzen. Deshalb sind tantrische Lehren und Praktiken in fast allen hinduistischen Traditionen zu finden, insbesondere im Vishnuismus und Shivaismus. Tantrismus ist außerdem nicht auf den Hinduismus begrenzt, er findet sich auch im Buddhismus und Jainismus wieder.

b) Die tantrischen Prinzipien

Aufgrund der Tatsache, dass der tantrische Gedanke an verschiedenen Orten Asiens aufkeimte, gibt es nicht *das* Tantra, sondern vielmehr eine Vielzahl von verschiedenen Ausprägungen und Schwerpunkten. Allen gemein ist, das stetige Bemühen, alte Konventionen des Denkens, Fühlens und Handelns über Bord zu werfen und so das eigene Bewusstsein zu erweitern, um das große Ziel, die immerwährende Ekstase, zu erlangen.

Obgleich Bewusstseinserweiterung und Erleuchtung auch bei den traditionellen spirituellen Disziplinen angestrebt wird, besteht jedoch der große Unterschied im Weg, auf dem es erreicht werden kann. So sollen beispielsweise beim Yoga sämtliche Wünsche und Begierden durch Askese und Disziplin zurückgedrängt werden, um sich auf das ultimative Ziel, Samadhi, auszurichten. Beim Tantrismus dagegen wird nichts im Leben ausgeklammert, sondern alles ausgelebt! Allerdings führt das hemmungslose Ausleben nicht allein zur Erleuchtung, sonst wären wohl schon sehr viele Menschen hier im Westen erleuchtet. Vielmehr gehört im Tantra die stetige Bereitschaft dazu, das eigene Bewusstsein zu erweitern, seine eigenen eng abgesteckten Grenzen zu überschreiten und sämtliche Konventionen zu brechen, um so zur immerwährenden Ekstase zu gelangen.

Der entscheidende Aspekt im Tantra ist das „Machen", was eine permanente Aufforderung zum Handeln bedeutet. So ist es absolut undenkbar, dass ein Tantriker resigniert, da es für alles rituelle Formeln und Verfahren gibt. Bei Schwierigkeiten, Sorgen oder Nöten richtet er sein gesamtes Handeln zielgerichtet auf die Lösung der Problematik aus. Dies gilt sowohl für die Heilung von körperlichen Beschwerden, die Beseitigung finanzieller Schwierigkeiten und die Klärung von Alltagsproblemen als auch für den Umgang mit Geschlechtspartnern. Das Einzige, was ein Tantriker nicht tut, ist, seine eigenen Wünsche und Begierden zu verleugnen. Er ist davon überzeugt, dass er auf diese Weise in der Lage sein wird, die Wahrheit über sich selbst und die Welt herauszufinden und dadurch die höchste Ekstase zu erlangen, wie es in den Überlieferungen der alten Tantriker steht, die dieses Mysterium entdeckten. Hierbei ist er sich bewusst, dass dies eine enorme körperliche, geistige, moralische und sexuelle Anstrengung erfordert und er hierfür sämtliche Energien nutzen muss, die ihm sein Körper, sein Geist und seine Seele bereitstellen.

Ein weiterer wesentlicher Aspekt des Tantra ist der Glaube, dass der Grund für alle menschlichen Fehlschläge in dem Unvermögen besteht, das Mysterium der Zeit zu verstehen. Dieses zu begreifen, bedeutet, den Prozess der Schöpfung zu durchschauen. Dadurch sollte der Tantriker in der Lage sein, den Schöpfungsprozess umzukehren, um so zu seinem Ursprung zurückzugelangen.

c) Das Mysterium der Zeit

Nach tantrischer Auffassung gründen alle menschlichen Fehlschläge in dem Unvermögen, das Mysterium der Zeit zu verstehen. Die Menschheit sucht grundsätzlich in der Vergangenheit, um die Ursache verschiedener Dinge zu ergründen, wo sie aus tantrischer Sicht nicht unbedingt zu finden sind. Um diese Sichtweise zu verstehen, sollten wir zunächst vergegenwärtigen, wie wir als Mensch zeitliche Abfolgen erleben. Sinnbildlich gesprochen, nehmen wir unser Leben wie die Aussicht aus dem Rückfenster eines fahrenden Zuges wahr. Dieses Fenster versinnbildlicht den zeitlichen Bewusstseinsrahmen, den wir besitzen. Die nachfolgende Abbildung soll dies veranschaulichen, wobei die Balken für Ereignisse stehen.

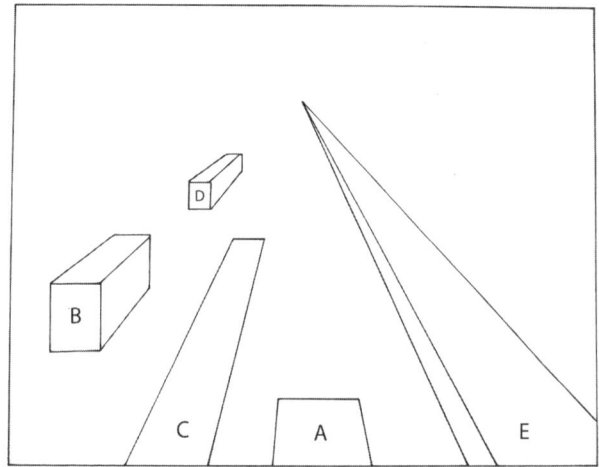
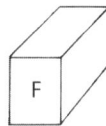

Dinge, die wir gerade erleben, befinden sich in diesem Bild unmittelbar vor uns. Das, was wir vor kurzem erlebt haben, wie etwa das Vorbeifahren an einem Signal, ist ein Stück davon entfernt, und Ereignisse, die noch weiter zurückliegen, wie zum Beispiel das Anhalten an einem Bahnhof, befinden sich in der Darstellung entsprechend dahinter. Bezogen auf unser Leben versinnbildlicht Balken A Dinge, die wir begonnen, aber noch nicht abgeschlossen haben, wie beispielsweise das Lesen dieses Buches. Durch den Balken B werden Zeitabschnitte symbolisiert, die einen Anfang und ein Ende haben. Hierzu zählen zum Beispiel unsere Zeit im Kindergarten, unsere Schulzeit und unsere Ausbildung. Der C-Balken symbolisiert unser gesamtes Leben von der Geburt bis zum jetzigen Augenblick. Balken D steht für Ereignisse, die vor unserer Geburt passiert sind und die unser Leben prägen, obwohl wir sie nicht selbst erlebt haben. Hierzu zählt beispielsweise die industrielle Revolution. Balken E steht für Dinge, die schon immer existiert haben und noch lange weiter existieren werden, wie unsere Welt. Der F-Balken versinnbildlicht Ereignisse, die noch nicht stattgefunden haben und erst noch eintreffen werden. Diese befinden sich noch außerhalb unserer Wahrnehmung und haben deshalb keinen Bezug zum Hier und Jetzt.

Anhand dieser Darstellung können wir etwa abschätzen, wie unwirklich aus tantrischer Sicht unsere Realität ist, da sie lediglich aus unserem Verstand und unseren Erinnerungen besteht, die durch Gespräche, Bücher und Bilder nachgeprüft und bestätigt werden. Aufgrund dieser Art der Wahrnehmung bleiben wir in unseren Konventionen stecken und entwickeln uns nach tantrischer Auffassung nur in diesem beschränkten Rahmen weiter, ohne jemals an den Ursprung von allem zu gelangen.

Die tantrische Betrachtungsweise zu den Geschehnissen in unserem Leben ist dazu eine ganz andere. Hier stellt man sich seine Vergangenheit nicht als eine Landschaft voller Gegenstände vor, die durch den Bewusstseinsrahmen gewonnen wurden, sondern als Schweif von Gegebenheiten und Ereignissen, die aus dem „Mund der Gegenwart" ausgespien beziehungsweise hervorgestoßen werden, ähnlich den Flammen eines Raketentriebwerks. Dies soll die zweite Darstellung, angelehnt an die indische Mythologie, verdeutlichen. Hier wird „der fahrende Zug" aus der ersten Abbildung von der Seite betrachtet.

In diesem Bild existiert kein Beginn an einem weit entfernten Punkt am Horizont, wie beim „Rückfenster des fahrenden Zuges". Stattdessen ist der Zeitstrahl ein Schweif, der aus dem Jetzt, symbolisiert durch den „Mund der Gegenwart", hervorgebracht wird. Unser Bewusstseinsrahmen ist hier das Maul des „Ungeheuers der Zeit", das unsere Erfahrungen, Erinnerungen und unser Wissen hervorwürgt.

Gefangen im vierdimensionalen Raum, nehmen wir die Zeit nur linear wahr – wir können die Ereignisse also nur rückwärts in der Zeit sehen. In dieser Darstellung bilden die zeitlichen Geschehnisse keine lineare Abfolge, sondern ein stetiges „Jetzt", in dem der Tantriker alles so verändern kann, wie er es möchte, um in den Zustand der höchsten Ekstase zu gelangen. Unser Bewusstsein beschäftigt sich jedoch selbst in diesem Bild noch viel zu sehr mit dem Schweif, anstatt sich direkt auf die Quelle, die alles hervorbringt, zu konzentrieren. Diese erzeugt aus tantrischer Sicht ein Geflecht aus Erfahrungen und Erinnerungen, das wir Realität nennen. Diesen Mechanismus zu verstehen und zu manipulieren, ist das höchste Ziel tantrischer Bemühungen. Hierzu müssen wir uns in dem Bild des „fahrenden Zuges" noch ein weiteres Mal drehen, um so in das Maul des Ungeheuers der Zeit zu sehen.

Um diesen letzten Schritt im Tantra zu beschreiben, bedarf es jedoch enormer Anstrengungen, damit das Bewusstsein auf das ausgerichtet werden kann, was Raum und Zeit hervorbringt. Erst wenn der Tantriker es geschafft hat, seine gesamte Aufmerksamkeit dort hinzulenken, wird er die wahre Bedeutung des Mauls des Ungeheuers verstehen und darin den ewig währenden Schöpfungsakt erkennen.

d) Kali, die Gebieterin der Zeit

Die hinduistische Göttin Kali ist die wichtigste weibliche Gottheit im Tantrismus. Sie ist die Gebieterin der Zeit und verkörpert das symbolische Maul des „Ungeheuers der Zeit", das im vorherigen Abschnitt beschrieben wurde. Aus ihr entsteht alles und wird auch wieder von ihr verschlungen, da sämtliche Erscheinungen unserer Welt zeitlich gebunden sind. Sobald die Lebenszeit eines Wesens abgelaufen ist, entweicht seine Lebenskraft, und es stirbt. Somit ist der Tod der zeitliche Endpunkt der Lebenskraft, welche uns am Leben hält. Die physische Materie wird hierbei nicht wirklich zerstört, sondern lediglich verändert und in eine andere Form verwandelt. Aus tantrischer Sicht ist der Tod nichts anderes als eine Umwandlung. Den Tod zu begreifen, bedeutet für einen Tantriker, Kali zu verstehen, um dadurch das Mysterium der Zeit zu entschlüsseln.

Aus diesem Grund gehört der Besuch von Friedhöfen, Schlachthäusern und Verbrennungsstätten zur tantrischen Praxis. Ein Schritt auf diesem Weg ist der Sieg über die Angst vor dem Tod, die jedem Lebewesen innewohnt.

Im Gegensatz zum Hinduismus, wo Kali als Göttin verehrt und in ihrem Tempel angebetet wird, geht es im Tantra um das Verstehen ihrer dortigen Funktion als Maul des „Ungeheuers der Zeit", um dadurch die Verstrickung in die Zeit zu verlieren.

e) Der ekstatische Schöpfungsakt

Neben dem Begreifen des Todes muss der Tantriker auch den Schöpfungsprozess verstehen, um zu seinem Ziel, der ewig währenden Ekstase, zu gelangen. Dieser wird als ununterbrochener sexueller Akt verstanden, bei dem sich Shiva (Bewusstsein) und Shakti (Energie) unablässig ekstatisch vereinigen und so fortlaufend die gesamte Schöpfung erschaffen. Aus diesem Grund ist es auch nicht verwunderlich, dass eines der Hauptsymbole des Tantra die sexuelle Vereinigung ist.

Diese wird meist nur symbolhaft dargestellt, da es im Tantrismus üblich ist, über Bilder und Symbole zu arbeiten. Diese werden in der Meditation und bei Ritualen benutzt, um dadurch tiefere Erkenntnisse zu erlangen. Deshalb wird die Kraft Shivas als Lingam und die der Shakti als Yoni dargestellt.

Das Lingam steht im Tantra sowohl für einen Penis als auch für den Samen, den er hervorbringt. Letzterer verkörpert die potenziellen Möglichkeiten, die dieser in sich trägt, obwohl er noch nicht in den verschiedenen Realitäten Form angenommen hat. Dazu bedarf es der Yoni, die symbolisch die weibliche Vulva darstellt. Diese empfängt den Samen, nimmt ihn in sich auf und ermöglicht so die

Realisierung all dessen, was er als Potenzial in sich birgt. Eines der bekanntesten Symbole hierfür ist das Sri Yantra.

Sri Yantra

In der Mitte des Yantras befindet sich ein Punkt, welcher das Lingam verkörpert, das den Samen hervorbringt. Aus ihm entsteht die erste Leben hervorbringende Bewegung, symbolisiert durch ein Dreieck mit der Spitze nach unten. Aus diesem Urpaar entwickelt sich die Schöpfung, dargestellt durch neun gleichschenklige Dreiecke. Die vier, die mit ihrer Spitze nach oben zeigen, verkörpern Shiva, und die anderen fünf, deren Spitze nach unten zeigen, Shakti.

Obwohl die Zeichnung des Yantra starr und unsymmetrisch ist, wirkt es jedoch beim Betrachten absolut symmetrisch und dynamisch und erzeugt den Eindruck, als ob es sich beim Hinsehen stetig verändern würde. Durch die Meditation auf dieses Symbol soll der Tantriker lernen, „rückwärts zu schauen" und somit den Schöpfungsakt umzukehren.

f) Yantras

Der Begriff Yantra leitet sich von dem Sanskrit-Wort *yam* ab, welches „stützen" bzw. „halten" bedeutet, und *tra*, das den Sinn von „rettend" oder „beschützend" hat. Es lässt sich als „stützendes Instrument" oder auch als „Werkzeug" übersetzen. Yantras sind geometrische Muster und Symbole, die als rituelle Diagramme sowohl im Hinduismus als auch im Tantrismus zur Meditation verwendet werden.

In jedem Yantra steht ein Punkt in der Mitte. Dieser wird im Tantra *Bindu* genannt und nimmt die wichtigste Stellung ein, da er die Einheit, den Ursprung, das Prinzip von Manifestation und Emanation verkörpert. Um diesen Punkt herum können verschiedene andere geometrische Formen angeordnet sein, die wiederum eine eigene Bedeutung besitzen. Kreise im Yantra stehen für die Ausdehnung des Punktes in der Mitte und versinnbildlichen so sein Wachstum. Das Dreieck ist die erste geometrische Form nach einem Kreis, welche mit drei Linien gezeichnet werden kann. Zeigt seine Spitze nach oben, ist das Ausdruck für dynamische Aufwärtsbewegung, Feuer, Männlichkeit und auch Shiva. Die nach unten zeigende Spitze symbolisiert Abwärtsbewegung, Wasser, Weiblichkeit und Shakti. Lotosblätter im Yantra werden gewöhnlich in einem Kreis dargestellt. Achtblättrig repräsentieren sie die manifeste Realität unserer Welt. Zwölf Blätter stehen für die Sonne, sechzehn für den Mond. Der Lotos steht für Reinheit, da er mit seinen Wurzeln im Schlamm verwurzelt ist, jedoch stets reine Blüten hervorbringt, an denen nichts anhaftet. Quadrate verkörpern Aspekte wie Stabilität, Materialismus und Stagnation.

Jedes Yantra ist mit einer quadratischen Struktur umgeben. Ein äußeres Quadrat versinnbildlicht die Erde, zwei Quadrate Himmel und Erde. Die t-förmigen Strukturen an jeder Seite stehen als Tor für jeweils eine Himmelsrichtung und symbolisieren die Verbindung des geheiligten inneren Bereichs des Yantras mit der Außenwelt.

Neben dem im vorherigen Kapitel gezeigten Sri Yantra gibt es noch eine Vielzahl anderer Yantras. Einige davon sind in Tempeln zu sehen und dadurch öffentlich bekannt. Andere hingegen sind geheim, da sie nur durch einen Guru in einer persönlichen Initiierung gelehrt werden. Erst durch dessen Einweihungsritual kann ein solches Yantra seine Kraft für den Meditierenden entfalten.

Yantras gelten als Repräsentation des Göttlichen und lassen sich auch als stofflicher Ausdruck eines Mantras verstehen. Das Mantra ist ein Laut, das Yantra die geometrische Figur dazu.

g) Mantras

Mantras haben wir schon im Hinduismus kennengelernt. Ihr stetiges Rezitieren dient dort der Verehrung der angebeteten Gottheit bei Ritualen oder in der Meditation. Im Tantrismus hingegen sind die Mantras äußerst mächtige Werkzeuge, um Energien zu bündeln und dadurch die eigenen Wünsche zu verwirklichen. Damit ein Mantra für solche Zwecke benutzt werden kann, muss dieses zuerst aktiviert werden. Dazu ist die Einweihung (*Diksha*) durch einen Guru notwendig, der erkennt, ob sein Schüler die Reife für dessen Macht besitzt.

Ein solches Ritual findet immer im Verborgenen statt, bei dem der Meister seinem Adepten die geheime Folge von Silben und Wörtern mit ihrer magischen Kraft direkt ins Ohr flüstert. Im weiteren Schritt muss der Schüler dieses Mantra mehrere hunderttausend Male wiederholen, um die gewünschte Kraft in sich selbst zu aktivieren. Für gewöhnlich geschieht dies in Form von *Japa*, einem schnellen Rezitieren in halblauter Sprache, was sich wie ein Murmeln anhört. Die Wiederholung des Mantras kann aber auch in Gedanken erfolgen und wird dann *Ajapa-japa* genannt. Um die genaue Anzahl der Mantra-Wiederholung einzuhalten, bedient man sich als Zählhilfe einer *Mala*, einer Gebetskette, die aus 108 Perlen (entsprechend den 108 Namen der hinduistischen Gottheit Shiva) besteht.

Die Beschaffenheit der Perlen richtet sich nach dem Zweck, für den das Mantra benutzt wird. So sollen beispielsweise Korallen-Malas besonders wirkungsvoll für Japa sein, das für Wohlstand ausgeführt wird. Am häufigsten werden Perlen aus Sandelholz oder *Rudraksha*, einer Samenart, verwendet.

Die Mala wird stets nur mit Mittel- und Ringfinger der rechten Hand gehalten, niemals sollte der Zeige- und der kleine Finger die Kette berühren. Nach jeder Wiederholung des Mantras wird die Gebetskette mit Hilfe des Daumens jeweils eine Perle weitergeschoben.

An jeder Mala befindet sich zusätzlich eine Extraperle, die von den anderen getrennt auf einer abgehenden Schnur befestigt ist. Diese wird *Sumeru* oder auch „Guru-Perle" genannt und wird nie mitgezählt. Sie dient als statischer Punkt, von dem aus das Zählen beginnt.

Zur Wirkungsverstärkung wird bei einigen Mantras empfohlen, diese an speziellen Orten oder an bestimmten Wochentagen zu rezitieren. Es existieren auch Empfehlungen hinsichtlich der Jahreszeiten.

Im Tantrismus dienen die Mantras dazu, die eigenen Wünsche zu erfüllen. Hierzu gibt es zehn verschiedene Arten von Mantras[12]:

1. *Shanti* (Friedvolles) *Karma*: Mantras, die den Menschen von Krankheiten, psychischen Problemen, Angst, Illusionen und weltlichen sowie umweltbedingten Problemen befreien; und Mantras, die ohne Wunsch nach Belohnung, Macht oder Bindung praktiziert werden.
2. *Istambhan* (Lähmendes) Karma: *Mantras*, die benutzt werden, um die Bewegung irgendeines Lebewesens oder unbelebten Objektes in der Natur zu blockieren.
3. *Mohan* (Anziehendes) *Karma*: Mantras, die benutzt werden, um

---

12 Vgl. Harish Johari, Wege zum Tantra, Freiburg 1987, Verlag Hermann Bauer, S.42

eine Frau, einen Mann oder ein Tier anzuziehen. Mesmerismus und Hypnose fallen unter diese Kategorie, auch unter dem Namen *Sammohan* bekannt.

4. *Uchchatan*: Mantras, die benutzt werden, um das mentale Gleichgewicht eines Lebewesens zu stören. Ein solches Mantra verstärkt Zweifel, Unsicherheit, Angst und Täuschung, und die Person, die durch das Mantra beeinflusst wird, verhält sich, als sei sie besessen.
5. *Vashikaran*: Mantras, die benutzt werden, um jemand zu versklaven. Derjenige, auf den das Mantra angewendet wird, verliert sein Urteilsvermögen und seinen eigenen Willen und wird zur Marionette. *Vashikaran* bedeutet, dass man das Bewusstsein desjenigen, auf den das Mantra angewendet wird, beherrscht. (*Vash* = Kontrolle, *karan* = tun)
6. *Akarshan*: Mantras, die benutzt werden, um jemanden anzuziehen, der an einem weit entfernten Ort lebt.
7. *Jrambhan*: Mantras, die benutzt werden, um das Verhaltensmuster zu verändern, so dass derjenige, auf den das Mantra angewendet wird, beginnt, sich so zu verhalten, wie der Benutzer des Mantras es wünscht.
8. *Vidveshan*: Mantras, die benutzt werden, um Zwietracht zwischen zwei Personen zu säen. Diese Art Mantra erzeugt in beiden Individuen Wut, Hass, Eifersucht und Aggression, die gegeneinander gerichtet werden. Anderen Personen gegenüber verhalten sich beide wie gewöhnlich. Das Verhalten ändert sich nur gegenüber der Person, die der Benutzer des Mantras ausgewählt hat. Das Resultat ist Feindschaft.
9. *Maran*: Mantras, die benutzt werden, um jemanden zu töten. Die Anwendung dieses Mantras bringt den plötzlichen Tod, ohne physische Krankheit oder Störung.
10. *Pushti Karma*: Mantras, die benutzt werden, um den eigenen oder jemand anderes Wohlstand, Ruhm, Prestige, sozialen Status, Macht usw. zu mehren. Auch als *Psutik* bekannt.

Die spirituellen Kräfte, die die Erfüllung der Wünsche bewerkstelligen sollen, basieren auf verschiedenen Aspekten hinduistischer Gottheiten, die mit Hilfe der Mantras angerufen und für die beabsichtigten Zwecke nutzbar gemacht werden sollen.

h) Mudras

Der Begriff *Mudra* bedeutet ursprünglich Spiegel. Er wird aber auch anhand der beiden Silben „Mud" (Freude) und „Ra" (das, was gibt) als „Geste, um den Göttern zu gefallen", übersetzt. Hierbei handelt es sich um symbolische Hand- und Körperhaltungen, die im indischen Tanz, aber auch bei religiösen Praktiken, Verwendung finden. Über ihre genaue Herkunft ist wenig bekannt.

Im Yoga und Tantra benutzt man verschiedene Handgesten, um sowohl körperliche Funktionen als auch die Konzentration bei spirituellen Übungen positiv zu beeinflussen. Hierbei haben jeweils die Handhaltung und die Stellung der Finger eine spezielle symbolische Bedeutung. Um ihre Wirkung voll zu entfalten, muss der Praktizierende jedoch sein Bewusstsein auf den Zweck richten, den das Mudra erfüllen soll. Die alleinige Handhaltung, selbst wenn sie absolut richtig ist, bringt kaum den gewünschten Erfolg. Bei korrekter Ausführung hingegen rufen die Mudras genau definierte Reaktionen im Geist des Praktizierenden hervor.

Insgesamt soll es hundertundacht Mudras geben, von denen lediglich fünfundfünfzig für rituelle Zwecke genutzt werden. Einige davon finden sich auf Abbildungen und Statuen hinduistischer Gottheiten wieder und heben deren speziellen Aspekte deutlich sichtbar hervor.

Das bekannteste Mudra ist das *Chinmudra*, das üblicherweise während der Meditation ausgeführt wird. Die Handrücken liegen hierbei auf den Oberschenkeln, während Zeigefinger und Daumen an jeder Hand einen Kreis bilden. Weitere Mudras, die im Tantrismus in der Meditation verwendet werden, sind bestimmten Chakras zugeordnet und werden benutzt, um deren Kräfte zu erlangen.

i) Chakras

Der Begriff *Chakra* kommt aus dem Sanskrit und bedeutet so viel wie Kreis, Diskus oder auch Rad. Er wird erstmals in den altindischen Upanishaden erwähnt und bezeichnet sieben feinstoffliche Strukturen, die aus geistiger Schau wie Räder aus Licht aussehen. Diese Chakras, in Indien aufgrund ihrer Ähnlichkeit mit Blüten auch als „Lotosblüten" bezeichnet, sind in anderen spirituellen Traditionen ebenfalls bekannt, wenn auch unter anderen Namen (im Tibetischen Buddhismus z.b. als „Schwungräder").

In den Upanishaden, die zwischen 700 v. Chr. und 200 v. Chr. entstanden sein sollen, wird lediglich die Symbolik der einzelnen Chakras und deren Lokalisation beschrieben, spezifische Anwendungen für die Meditationspraxis existierten zu jener Zeit offensichtlich noch nicht. Eine praktische Bedeutung erhielten sie erst später im Tantra. Gorakhnath (auch Goraksha genannt), der zwischen dem 7. und 10. Jahrhundert gelebt haben soll und als Begründer des Hatha Yoga gilt, beschreibt in seinem Werk „Goraksha-Shataka" den Aufbau des feinstofflichen Körpers einschließlich der Chakras, Nadis und der Kundalini sowie spirituelle Praktiken, die dieses Wissen nutzen. So ordnet er jedem Chakra eine Gottheit zu, die sich der Meditierende als glorreiche Erscheinungsform seiner eigenen wahren Seele innerhalb seines eigenen Körpers vorstellen soll.

Purnananda Swami, ein bengalischer Yogi des 16. Jahrhunderts, schildert in der *Sat-Chakra-Nirupana* die tieferen Hintergründe der

Chakras und die Anwendung dieses Wissens in Form von Konzentration, Visualisation und mantrischer Praxis. Ausführlich beschreibt er die Blütenblätter der Chakras und die ihnen zugeordneten Buchstaben des Sanskrit-Alphabets, den Bezug der Chakras zu den fünf Elementen (Feuer, Wasser, Erde, Luft und Äther), die Gottheiten, die in den einzelnen Chakras wohnen, die zugehörigen weiblichen Gottheiten (Shaktis), die im Tantra als Königinnen der Chakras gelten (teilweise auch als deren Torwächter), die Bija-Mantras der einzelnen Chakras, die den vedischen Göttern zugeordnet sind, die in dem jeweiligen Chakra vorherrschen, die Reittiere dieser vedischen Gottheiten sowie die Fähigkeiten, die man erlangt, wenn man über das jeweilige Chakra meditiert. Sämtliche Methoden, die Purnananda Swami beschreibt, basieren auf der Konzentration auf die Symbolik der Chakras, der Visualisierung der mit den Chakras verbundenen Gottheiten und der Aktivierung der den Chakras innewohnenden Kräfte durch die entsprechenden Bija-Mantras.

Nachfolgend eine symbolische Abbildung des Herz-Chakras (Anahata). Außen befinden sich die Blütenblätter mit den Mantras, die dem Sanskrit-Alphabet folgen, weiter innen das Sechseck als Symbol für Luft, verkörpert durch den vedischen Gott Vayu, und in der Mitte das entsprechende Bija-Mantra. Die Antilope steht für die Eigenschaften, die das vierte Chakra verkörpert: Empfindsamkeit, Reinheit und Unschuld. Bei den beiden Gottheiten handelt es sich um Shiva (in Meditationshaltung) und Kakini (mit vier Armen). In dem Sechseck in der Mitte des Chakras wird Shiva in Form eines Lingams noch einmal dargestellt, mit einem Halbmond an der Oberseite und einem Bindu (ritueller roter Punkt, der das dritte Auge markieren soll).[13]

---

13 Entnommen aus: Charles W. Leadbeater, Die Chakras, Grafing 2014, Aquamarin Verlag, S. 73.

Es existieren sieben Haupt-Chakras, die sich auf der Vorderseite des Körpers entlang der Mittelachse gruppieren. Ferner gibt es zahlreiche Neben-Chakras, die für die spirituelle Entwicklung keinerlei Bedeutung besitzen und daher in den meisten Yoga-Schriften überhaupt nicht erwähnt werden. Hierzu gehören die Hand- und Fuß-Chakras, die der Aufnahme bzw. Abgabe von Energie dienen und bei energetischen Heilverfahren eine Rolle spielen. Die Haupt-Chakras befinden sich auf der Oberfläche des Ätherkörpers, der den physischen Körper um eineinhalb bis zwei Zentimeter überragt. Sie können von Aura-Sichtigen wahrgenommen werden und lassen sich auch mittels energetischer Verfahren, z.b. mit der von mir entwickelten Farbresonanzmethode, exakt lokalisieren.[14]

Die nachfolgende Zusammenstellung der einzelnen Chakras enthält die klassischen Zuordnungen einschließlich der Tattvas. Diese verkörpern Grundprinzipien, die das Wesentliche in allen Dingen bezeichnen. Im Kontext mit den Chakras handelt es sich um symbolische Zuordnungen zu den fünf Elementen und den entsprechenden geometrischen Formen und Farben. Die Mantras der Blütenblätter entsprechen dem Sanskrit-Alphabet, wobei jeder Konsonant ein kurzes „a" beinhaltet, das wie das englische Wort „arrive" ausgesprochen wird. An dieses „a" wird bei den Mantras ein Konso-

---

14 Vgl. Dietmar Krämer, Neue Therapien mit Farben, Klängen und Metallen, Bad Camberg 2010, Isotrop Verlag, S. 161

nant angehängt, wodurch die Mantras länger nachklingen. Dessen Schreibweise variiert zwischen „ng" und „m".

Die ursprünglichen indischen Zuordnungen weichen von den in der westlichen Yoga-Literatur beschriebenen teilweise erheblich ab. Da sich manchmal auch die indischen Quellen widersprechen, beziehen wir uns hier hauptsächlich auf die *Sat Chakra Nirupana*.[15] Spätere Zuordnungen, wie z.b. Körperteile, Körperfunktionen, Sinnesorgane und die dazugehörenden Sinnesfunktionen, haben wir aus diesem Grunde nicht berücksichtigt.

Zu beachten ist, dass in der indischen Literatur die Zahl der Blütenblätter, die Farben der Blütenblätter sowie die Zuordnungen zu Elementen, Farben und Formen rein symbolischer Natur sind und allein dem Zweck dienen, sich durch Meditation auf diese Symbole mit den Inhalten des jeweiligen Chakras zu verbinden, um die Eigenschaften, für die dieses Chakra steht, zu verwirklichen. Die tatsächliche Zahl der Blütenblätter und die auf den Chakras sichtbaren Sektoren, wie sie von Aura-Sichtigen wahrgenommen werden, findet sich in dem Werk *Dietmar Krämer, Neue Therapien mit Farben, Klängen und Metallen – Diagnose und Therapie der Chakren*. Das Buch enthält auch Bilder von Chakras, die von einem Künstler nach den Vorlagen eines Aura-Sichtigen angefertigt wurden. Die Bedeutung der einzelnen Chakra-Sektoren, die für genau definierte Lebensbereiche stehen und deren Störungen Charakterschwächen hervorrufen, wurden in *Chakras und Mantras, Chakra-Heilung durch die Kraft der Urklänge* veröffentlicht. Dort finden sich auch genaue Beschreibungen der Symptome, anhand derer der Leser selbst erkennen kann, welcher Sektor betroffen ist. Durch Anwendung des zu diesem Chakra-Sektor gehörenden Mantras ist es möglich, sich selbst von der jeweiligen Charakterschwäche zu befreien.

ls Störungen in den

---

15 Arthur Avalon, Die Schlangenkraft, Graz 2007, Edition Geheimes Wissen

Muladhara-Chakra
Bezeichnung im Westen: Wurzel-Chakra
Lokalisation: Im Dammbereich zwischen Anus und Genitalien
Zahl der Blütenblätter: 4
Farbe der Blütenblätter: Karmesinrot
Mantras der Blütenblätter: Vam, Sham, Scham, Sam
Tattva als Element: Erde
Tattva als Form: Quadrat
Tattva als Farbe: Gelb
Reittier: Elefant
Bija-Mantra: Lam
Gottheit: Brahma
Shakti: Dakini

Svadhishthana-Chakra
Bezeichnung im Westen: Sakral-Chakra, Sexual-Chakra
Lokalisation: An der Wurzel der Genitalien
Zahl der Blütenblätter: 6
Farbe der Blütenblätter: Zinnoberrot
Mantras der Blütenblätter: Bam, Bham, Mam, Yam, Ram, Lam
Tattva als Element: Wasser
Tattva als Form: Kreis
Tattva als Farbe: leuchtendes Blau
Reittier: Krokodil
Bija-Mantra: Vam
Gottheit: Vishnu
Shakti: Rakini

Manipura-Chakra
Bezeichnung im Westen: Nabel-Chakra
Lokalisation: An der Wurzel des Nabels
Zahl der Blütenblätter: 10
Farbe der Blütenblätter: Blau

Mantras der Blütenblätter: Ham, Am, Tam, Tham, Dam, Dham, Nam, Pam, Pham
Tattva als Element: Feuer
Tattva als Form: Dreieck
Tattva als Farbe: Rot
Reittier: Widder
Bija-Mantra: Ram
Gottheit: Rudra (der unbändige, zerstörerische Aspekt Shivas)
Shakti: Lakini

Anahata-Chakra
Bezeichnung im Westen: Herz-Chakra
Lokalisation: Im Herzbereich
Zahl der Blütenblätter: 12
Farbe der Blütenblätter: Zinnoberrot
Mantras der Blütenblätter: Kam, Kham, Gam, Gham, Ñam, Cham, Chham, Jam, Jham, Ñam, Am, Ham
Tattva als Element: Luft
Tattva als Form: Sechseck
Tattva als Farbe: rauchiges Grau
Reittier: Antilope
Bija-Mantra: Yam
Gottheit: Shiva
Shakti: Kakini

Vishuddha-Chakra
Bezeichnung im Westen: Hals-Chakra
Lokalisation: Im Kehlbereich
Zahl der Blütenblätter: 16
Farbe der Blütenblätter: Karmesinrot
Mantras der Blütenblätter: Am, Aam, Im, Iim, Um, Uum, Im, Iim, Lrim, Lriim, Em, Aim, Om, Aum, Am, Ahm
Tattva als Element: Äther (der feinstoffliche Raum)

Tattva als Form: Halbmond
Tattva als Farbe: rauchiges Purpur
Reittier: weißer Elefant
Bija-Mantra: Ham
Gottheit: Sadashiva (das erste göttliche Bewusstsein, das sich aus Brahman manifestierte)
Shakti: Shakini

Ajna-Chakra
Bezeichnung im Westen: Stirn-Chakra
Lokalisation: Zwischen den Augenbrauen
Zahl der Blütenblätter: 2^{16}
Farbe der Blütenblätter: Weiß
Mantras der Blütenblätter: Ham, Ksham
Die feinstofflichen Tattvas: *Prakriti* (die feinstoffliche Urmaterie, aus der wir bestehen), *Buddhi* (eine höhere Vernunft, die über dem rationalen Verstand steht), *Ahamkara* (das falsche „Ich", entspricht dem westliche Ego), *Manas* (der Denkapparat) und *Chitta* (das „wandelbare" Selbst, oft mit dem Unterbewusstsein gleichgesetzt)
Bija-Mantra: Om
Gottheit: *Ardhanarishvara* (die halb männliche, halb weibliche Shiva-Shakti, die symbolisch für die dem gesamten Universum zugrunde liegende Polarität steht)
Shakti: Hakini

---

[16] In der späteren Literatur wird die Zahl der Blütenblätter mit 2 x 48 genannt (d.h. es werden 2 x alle 48 Sanskrit-Buchstaben zugeordnet) und das Chakra symbolisch als „hundertblättriger Lotos" bezeichnet.

Sahasrara-Chakra
Bezeichnung im Westen: Scheitel-Chakra, Kronen-Chakra
Lokalisation: Über dem Kopf
Zahl der Blütenblätter: 1000[17]
Farbe der Blütenblätter: Weiß
Mantras der Blütenblätter: 20 x alle 48 Sanskrit-Buchstaben
Tattva: –
Bija-Mantra: –
Gottheit: Parama-Shiva (das anfanglose Bewusstsein, das eins mit seiner Energie Shakti ist)
Shakti: –

Wirkung der Meditation

Die Auswirkungen der Meditation auf ein bestimmtes Chakra, wie sie im *Sat-Chakra-Nirupana* beschrieben werden, sind teils von den vedischen Gottheiten abgeleitet, die in dem jeweiligen Chakra vorherrschen, teils folgen sie aus den Tattvas.

Die Meditation auf das erste Chakra (Muladhara), das Indra, dem Herrscher über das Element Erde, zugeordnet ist, bewirkt beispielsweise die Befreiung von allen Arten von Krankheiten. Im *Sat-Chakra-Nirupana* findet sich in der Übersetzung von Arthur Avalon folgende Beschreibung: *„Wenn man so über sie, die in dem Mula Chakra leuchtet, meditiert, sie, mit dem Leuchten von zehn Millionen Sonnen, dann wird ein Mensch Herr der Rede und König unter den Menschen, ein Adept in allen Arten des Lernens. Er wird für immer frei von allen Arten von Krankheit, und sein innerster Geist wird voll von großer Freudigkeit. In reine Verfassung durch seine tiefen und musikalischen Worte gekommen, dient er dem obersten der Devas."*[18]

---

17 Das Chakra wird „Tausenblättriger Lotos" genannt, obwohl es nach der Zuordnung von 20 x 48 Sanskrit-Buchstaben eigentlich 960 Blütenblätter sein müssten.
18 Arthur Avalon, Die Schlangenkraft, Graz 2007, Edition Geheimes Wissen, S.36/37

Meditation auf das zweite Chakra (Svadhishthana), Varuna, dem Herrscher über das Element Wasser zugehörig, befreit von dem Makel des Ahamkara (Ego) und hilft, die Unwissenheit zu durchdringen. „*Wer über diesen fleckenlosen Lotos nachsinnt, der Svadhishthana genannt wird, ist sofort von allen seinen Feinden befreit, von dem Mangel des Ahamkara. Er wird ein Herr unter den Yogis, und er ist wie die Sonne, welche die dichte Dunkelheit der Unwissenheit durchdringt. Der Reichtum seiner nektargleichen Worte strömt in Prosa und Versen in wohlbegründeter Rede.*"[19]

Meditation auf das dritte, Agni, dem Gott des Feuers zugeordnete Chakra (Manipura) ermöglicht es, die Macht zu erwerben, um alles in dieser Welt zu zerstören und zu schaffen.

„*Hier wohnt Lakini, die Wohltäterin aller. Sie hat vier Arme, ihr Körper ist strahlend. Sie ist dunkel anzusehen. Sie ist gelb gekleidet und geschmückt mit verschiedenen Ornamenten. Sie ist erhöht durch das Trinken von Ambrosia. Wenn man über diesen Nabel-Lotos mediert, erwirbt man die Macht, zu zerstören und zu schaffen in dieser Welt. Vani mit allem Reichtum des Wissens wohnt allezeit auf dem Lotos ihres Antlitzes.*"[20]

Meditation auf das vierte Chakra (Anahata) und damit Vayu, den Herrscher über das Element Luft, befähigt, die Welten zu schützen und zu zerstören. „*Wer über diesen Herz-Lotos meditiert, wird der Herrscher der Rede, und wie Ishvara ist er imstande, die Welten zu schützen und zu zerstören. Dieser Lotos ist wie der himmlische Wunschbaum, der Aufenthalt und Sitz von Sharva. Durch Hamsa wird er verschönt, denn Hamsa ist wie die sich stets verjüngende Flamme einer Lampe an einem luftstillen Ort, die Faserchen, die diese Fruchthülle umgeben und schmücken, entzücken, sowie sie von der Sonnenregion beleuchtet sind.*"[21]

Wer auf das fünfte Chakra (Vishuddha) meditiert, das von dem

---

19 Ebd., S.44
20 Ebd., S.48
21 Ebd., S.55/56

Element Äther beherrscht wird, erlangt eine solche Macht, dass er in der Lage ist, die drei Welten (die Erde, den Mittelbereich und den Himmel) zu beeinflussen. *„Dieser Yogi, der sein Gemüt auf diesen Lotos gerichtet hält, dessen Atem von Kumbhaka beherrscht wird, ist im Zorn fähig, die drei Welten zu bewegen. Weder Brahma noch Vishnu, weder Hari-Hara noch Surya, noch Ganapa sind imstande, seiner Macht zu widerstehen."*[22] Meditiert man auf das sechste Chakra (Ajna), das die feinstofflichen Tattvas beinhaltet, wird man allwissend, allsehend und erlangt außergewöhnliche Fähigkeiten. *„Der ausgezeichnete Sadhaka, dessen Atma nichts ist als eine Meditation über diesen Lotos, kann schnell, wenn er will, eines anderen Körper betreten. Er wird der beste der Munis, allwissend, allsehend. Er wird der Wohltäter aller, vertraut mit den Shastras. Er verwirklicht seine Einheit mit dem Brahman und erwirbt ungemeine, unbekannte Kräfte. Berühmt und langlebig wird er Schöpfer, Zerstörer und Erhalter der drei Welten."*[23]

Durch Meditation auf das siebte Chakra (Sahasrara), das sich jenseits von Raum und Zeit befindet, erlangt man Freiheit vom Rad der Wiedergeburt (Samsara) und bewegt sich beständig auf Brahman zu. Nun besitzt man unbegrenzte Macht und kann nicht nur alles erreichen, was man will, sondern auch das verhindern, was sich gegen seinen eigenen Willen stellt.

„Der ausgezeichnetste Mensch, der sein Gemüt beherrscht hat und der diese Stätte erkannt hat, wird nicht wieder zur Wanderung geboren und es ist nichts in den drei Welten, was ihn zu binden vermöchte. Wenn sein Gemüt beherrscht und sein Ziel erreicht ist, so besitzt er volle Macht, alles zu tun, was er will, und das zu verhindern, was gegen seinen Willen ist. Immer bewegt er sich dem Brahman entgegen. Seine Rede ist, ob in Prosa oder Versen, immer rein und süß."[24]

---

22   Ebd., S.69
23   Ebd., S.74/75
24   Ebd., S.110/111

j) Kundalini

Der Begriff *Kundalini* stammt aus dem Sanskrit und bedeutet „die Aufgerollte".

Er bezeichnet eine spirituelle Kraft im Menschen, die am unteren Ende der Wirbelsäule ruht und mit einer zusammengerollten Schlange symbolisiert wird, die sich dreieinhalb Mal um ein dort befindliches Lingam windet und mit ihrem Kopf das unterste Chakra (Muladhara) verschließt. Sie wird daher auch als „Schlangenkraft" bezeichnet. Erwacht sie aus ihrem Schlaf, entrollt sie sich ähnlich einer Schlange und steigt nach oben. Erreicht sie das oberste Chakra (Sahasrara), bewirkt sie gemäß tantrischer Lehre die sofortige Erleuchtung und damit die immerwährende Ekstase. Aus diesem Grund ist Kundalini hier das zentrale Thema, und ihre Erweckung stellt das letztliche Ziel jeglicher tantrischen Praxis dar.

Shiva und Shakti

Kundalini wird im Tantra mit Shakti gleichgesetzt und verkörpert dort die weibliche Urkraft der Schöpfung. Sie wird als die welterschaffende Göttin angesehen, die gleichzeitig auch erhält und zerstört. Shiva, als ihr Gemahl, steht für Bewusstsein und hat in der tantrischen Sichtweise nichts mit dem hinduistischen Gott der Zerstörung zu tun. Shiva und Shakti waren nach der tantrischen Schöpfungsgeschichte ursprünglich vereint. Ihre Spaltung in eine männliche und eine weibliche Urkraft bewirkte die Trennung von Bewusstsein und Materie, woraus letztendlich die Schöpfung entstand. Beide Urkräfte finden sich auch im Menschen wieder. Shakti, die schöpferische Energie, ruht im untersten Chakra (Muladhara) und wartet darauf, aufsteigen zu können und sich wieder mit Shiva zu vereinen, der im obersten Chakra (Sahasrara) wohnt. Shiva wird daher auch als Parama-Shiva bezeichnet, als das anfanglose Bewusstsein, das eins mit seiner Energie Shakti ist. Die Vereinigung von Shiva und Shakti, also von Bewusstsein und Materie, hervorgerufen durch den Aufstieg der Kundalini, soll eine Umkehrung des Schöpfungsprozesses und eine Rückkehr in die ursprüngliche Einheit bewirken. Daraus resultiert auch die Vereinigung mit Atma, unserem wahren Selbst, was als Erleuchtung bezeichnet wird. Kundalini wird daher als die Kraft angesehen, die uns zurück zum Ursprung bringt.

Tantrische Vereinigung von Shiva und Shakti

In der Vorstellung des Tantra steigt die Kundalini in einem speziellen Kanal im Bereich des Rückenmarks, genannt Sushumna, vom untersten Chakra an der Basis der Wirbelsäule empor bis zum obersten Chakra, das sich über dem Kopf außerhalb des Körpers befindet. Auf ihrem Weg durchstößt sie die übrigen Chakras, die im Tantra in die Sushumna verlegt wurden. Aufgrund der Tatsache, dass die tantrische Praxis vielfach auf Symbolismus basiert, ist dieser Schritt nachzuvollziehen, da die Chakras Entwicklungsstufen verkörpern, die der Mensch in umgekehrter Richtung zur Schöpfung zu durchlaufen hat. Letzteres lässt sich verstehen als stufenweiser Abstieg Shaktis in die Materie. Dieser Abstieg vollzog sich zu Beginn der Schöpfung in sieben Schritten, die ihre symbolische Entsprechung in den sieben Chakras haben, da nach tantrischer Lehre das ganze Universum auch im Menschen angelegt ist.

Das siebte und höchste Chakra entspricht hier Parama-Shiva, dem anfanglosen Bewusstsein, das noch eins mit seiner Energie Shakti ist. Er ist zugleich das Brahman und das Atma aller Wesen.

Das sechste Chakra verkörpert *Ardhanarishvara*, die halb männliche, halb weibliche Shiva-Shakti, die symbolisch für die dem gesamten Universum zugrunde liegende Polarität steht. Zu diesem Chakra gehört der Urlaut OM, aus dem sich die Schöpfung gebildet hat. OM ist die Vibration des Nichts, reine Schwingung als erste Form von Manifestation.

Das fünfte Chakra steht in Bezug zu dem Element Äther, dem feinstofflichen Raum zwischen unserer physischen Existenz und Atma, unserem wahren Selbst. Auf dieser Ebene existiert noch keine stoffliche Manifestation und auch kein anderes Element. Es ist die Ebene, auf der Raum und Zeit ihren Ursprung haben, die aber dennoch leer und noch nicht mit Inhalten erfüllt ist.

Das vierte Chakra beinhaltet das Element Luft als erste Manifestation des physischen Universums. Luft ist umgewandelter, verdichteter Raum in einem gasförmigen Zustand.

Das dritte Chakra verkörpert das Element Feuer, eine heiße Energie, die ebenfalls aus umgewandeltem, verdichtetem Raum besteht. Sie steht sowohl für Entstehung als auch für Vernichtung allen Lebens.

Das zweite Chakra verkörpert das Element Wasser und ist wesentlich dichter als die vorangegangenen Elemente. Dennoch besitzt es fließende Eigenschaften und kann jeden Zwischenraum ausfüllen.

Das erste Chakra steht für Erde. Hier ist der Raum zu Materie erstarrt, die Schöpfung ist vollendet. Aus Bewusstsein (Shiva) entstand Materie (Shakti).

Laut Tantra muss der Mensch diese Entwicklungsstufen wieder in umgekehrter Reihenfolge durchlaufen, vom ersten bis zum siebten Chakra, um zurück zur Einheit und damit zu seinem wahren Selbst (Atma) zurückzukehren. Dementsprechend muss die Kundalini, die diesen Prozess forciert, durch die Chakras fließen, um diese zu aktivieren und die entsprechenden Entwicklungsschritte zu initiieren. Dies ist eine rein symbolische Deutung, unabhängig von der tatsächlichen anatomischen Lage der einzelnen Chakras. Sie soll dazu dienen, sich die einzelnen Schritte bildhaft vorstellen und den zu beschreitenden Weg intellektuell nachvollziehen zu können. Demnach muss das Ziel der tantrischen Praxis darin bestehen, die Kundalini möglichst rasch zu erwecken und aktiv Chakra für Chakra aufsteigen zu lassen. Hierzu bedient man sich verschiedener Methoden.

Kundalini Yoga

Kundalini Yoga ist eine Kombination aus Asanas und speziellen Atemübungen, die sehr dynamisch ausgeführt werden. Hinzu kommen Visualisationen yantrischer Bilder, Mudras, Konzentration auf die Chakras, Meditation mit Mantras sowie meditative Arbeit mit Klängen und Musik (Nada Yoga).

Einzelne Asanas werden äußerst kraftvoll praktiziert, so dass der Übende dabei ins Schwitzen gerät, andere Asanas dagegen eher meditativ und ruhig, indem der Übende längere Zeit darin verweilt. Kombiniert werden sie mit Atemübungen (Pranayama), die im Gegensatz zum klassischen Hatha Yoga wesentlich intensiver und länger praktiziert werden. Typisch für Kundalini Yoga ist der Feueratem (Kapalabhati), bei dem die Ausatmung betont und durch kraftvolles Einziehen der Bauchdecke stark forciert wird, während die Einatmung passiv und eher reflexhaft bleibt. Fortgeschrittene kombinieren diese Übung mit der Wechselatmung, bei der stets durch ein Nasenloch geatmet wird, während man das andere zuhält. Gewechselt wird entweder nach einer festgelegten Anzahl von Atemzügen oder nach jeder Atemphase. Ein- und Ausatmung erfolgt also jeweils durch ein anderes Nasenloch.

Die Übungsreihen (Kriyas) bestehen in der Regel aus Asanas, kombiniert mit Pranayama, Konzentration (z.B. auf das sogenannte „Dritte Auge" oder auf einzelne Chakras), einer Entspannungsphase im Liegen und anschließender Meditation (z.B. mit Mantras). Ziel ist die bewusste Wahrnehmung und Lenkung der Energien im eigenen Körper (Prana), was insbesondere durch die intensiven Atemübungen bewerkstelligt wird. Dies alles mündet in Übungen, bei denen Prana im Inneren der Wirbelsäule hochgezogen wird, um den dort vorhandenen Kanal (Sushumna) mit Lebensenergie zu vitalisieren und auf den Fluss der Kundalini vorzubereiten.

Shaktipat

Das Sanskritwort *Shaktipat* setzt sich aus den Begriffen *Shakti* (göttliche Kraft) und *Pat* (fallen) zusammen. Es bedeutet: Das Übertragen göttlicher Energie („Herabfallen von Shakti") von einem spirituellen Meister auf seinen Schüler, um dadurch dessen Kundalini zu erwecken. Dieser Vorgang ist auch unter der Bezeichnung *Diksha* bekannt. Die Übertragung erfolgt durch:

- Berührung
- Wort
- Blick
- Gedanken

Bei der ersten Methode berührt der Meister in der Regel die Stelle zwischen den Augenbrauen, an der sich der Chakra-Stil des Stirn-Chakras (Ajna-Chakra) befindet. Weitere mögliche Punkte befinden sich auf dem Kopf, im Bereich des Herzens und unterhalb des Steißbeins in der Region des Wurzel-Chakras (Muladhara-Chakra). Die Berührung findet stets im Rahmen einer Initiation statt, bei der der Schüler bewusst die Shakti seines Gurus empfängt. In einigen seltenen Fällen erwacht die Kundalini des Schülers sofort. Meist erstreckt sich die Erweckung jedoch schrittweise über Monate oder auch Jahre, je nachdem wie bereit das Bewusstsein und der Körper des Initiierten dafür sind.

Die zweite Methode basiert auf einem speziellen Wort, einem Mantra, das der Guru selbst auf seinem Yoga-Weg lange Zeit benutzt und dadurch mit seiner eigenen spirituellen Energie aufgeladen hat. Indem er es seinem Schüler persönlich übergibt, verleiht er diesem noch eine zusätzliche Kraft. Durch die regelmäßige Wiederholung dieses Mantras geht dessen Energie (Shakti) auf den Schüler über und führt langfristig zur Erweckung seiner Kundalini.

Die dritte Methode ist die Übertragung von Shakti durch einen

Blick des Gurus. Sie kann den Empfangenden völlig unvermittelt wie ein Blitz treffen. In diesem Fall entscheidet der Guru über die Einweihung, die weder im Rahmen einer Initation noch durch verbalen Kontakt erfolgt. Äußerer Rahmen ist hier das Darshan, die Begegnung zwischen Schüler und Meister.

Die vierte Methode ist die Übertragung von Shakti durch Gedanken, indem der Guru an die Einweihung denkt und sie auf diese Weise Realität werden lässt.

Shaktipat kann eine Hilfe sein, um auf dem Yoga-Weg schneller und sicherer voranzuschreiten, indem eine göttliche Energie (Shakti) im Innersten wirksam wird, die den Initiierten vorantreibt und letztlich die Kraft weckt, die ihn zurück zu seinem göttlichen Ursprung bringt. Das Empfangen von Shaktipat entbindet den Schüler jedoch nicht davon, sich durch spirituelle Übungen selbst zu bemühen und beispielsweise Asanas, Meditation, Mantra-Singen, religiöse Zeremonien oder Karma-Yoga zu praktizieren.

Maithuna-Ritual

Das Maithuna-Ritual ist eine Praktik des linkshändigen Tantra, bei der es um die Überschreitung von Tabus und somit der Grenzen unserer Konditionierung geht, um auf diese Weise in die „Nicht-Dualität" vorzudringen und dadurch die Kundalini zu erwecken. Hierbei werden die Tabus der fünf „M" der traditionellen vedischen Spiritualität in einem heiligen Akt rituell gebrochen:

Madya	Wein (in früheren Zeiten meist Palmwein)
Mamsa	Fleisch (insbesondere das in der hinduistischen Gesellschaft tabuisierte Rindfleisch)
Matsya	Fisch
Mudra	geröstetes Getreide, teilweise versetzt mit Hanf
Maithuna	ritueller Geschlechtsverkehr

Diese fünf „M" stehen in Bezug zu den Tattvas und damit den fünf Elementen, aus denen sich unser physischer Körper zusammensetzt: Wein (Luft), Fleisch (Feuer), Fisch (Wasser), Getreide (Erde) und Sexualität (Äther). Als Opfergaben werden diese der großen Göttin Shakti geweiht, um dadurch ihren Segen zu erlangen. Das gesamte Ritual wird als religiöser Akt verstanden, in welchem sich der Mann mit Shiva und die Frau mit Shakti identifiziert. Insofern vereinigt sich der Mann nicht mit einer weltlichen Partnerin, sondern mit der Göttin Shakti selbst, die durch die Geschlechtspartnerin verkörpert wird. Umgekehrt vereinigt sich die Frau mit Shiva, dessen Rolle ihr männlicher Geschlechtspartner einnimmt. Dies gilt es während des gesamten Rituals im Bewusstsein zu halten.

Die Abfolge ist streng festgelegt. Nach einer gewissen Vorbereitung und Einstimmung wird von den tabuisierten Speisen und dem Wein gekostet, wobei der Schwerpunkt nicht auf dem Genuss liegt, sondern auf dem bewussten Brechen von Tabus. Der Genuss selbst dient ebenso wie die Lust beim nachfolgenden Geschlechtsakt der Freisetzung von Energien, die unser Bewusstsein weiten und schlussendlich die Kundalini freisetzen sollen. Die anschließende sexuelle Vereinigung erfolgt ebenso diszipliniert und im Bewusstsein des Tabubruchs, der im Rahmen dieses Rituals einen heiligen Akt darstellt und der Vereinigung von Shiva und Shakti dient. Die sexuelle Erregung muss stetig kontrolliert werden, um nicht der Lust anheimzufallen und das Ganze durch einen Orgasmus vorzeitig zu beenden.

Der Akt, der im Sitzen von Angesicht zu Angesicht stattfindet, die Frau auf den Oberschenkeln des im Schneidersitz auf dem Boden sitzenden Mannes, wird begleitet von energetischen Übungen, die darauf abzielen, die sexuelle Energie zwischen beiden Partnern zirkulieren zu lassen. Hierfür sollten die Wirbelsäulen möglichst gerade aufgerichtet sein, damit die Energie frei von unten nach oben fließen kann. Mit Hilfe von Atemübungen, kombiniert mit einem Kanalisierungs-Mantra, wird die Energie vom Wurzel-Chakra bis zum Kronen-Chakra hochgeleitet, indem man deren Fluss innerlich visualisiert. Zusätzliche Anspannungen des Beckenbodens sollen die Energie im Wurzel-Chakra mobilisieren. Das Ziel des Maithuna-Rituals ist das ekstatische Erwachen der Kundalini, nicht der Orgasmus, der für das höhere Ziel geopfert wird.

Der wesentliche Faktor beim linkshändigen Tantra ist der Tabubruch. Je stärker dieser ist, desto mächtiger ist auch die Wirkung des Rituals. In alten tantrischen Schriften wird daher empfohlen, diesen Akt nicht mit der eigenen Ehefrau durchzuführen, sondern mit einer fremden Frau oder gar einer Prostituierten. Um die Grenzüberschreitung zu forcieren, soll man sich eine Frau aussuchen, die eigentlich tabu ist, wie die Ehefrau eines anderen Mannes, eine Frau aus einer unreinen Bevölkerungsgruppe oder eine Brahmanin, die für einen Angehörigen einer niedrigeren Kaste ein besonderes Sakrileg darstellt und niemals berührt werden darf. Spätere Schriften sind dagegen weniger radikal und raten zur Durchführung des Rituals mit der eigenen Ehefrau.

Bei den anderen Tabubrüchen (Fleisch, Fisch, geröstetes Getreide und Alkohol) verliert das Ritual an Kraft, wenn es in einer Gesellschaft ausgeführt wird, in der der Konsum dieser Substanzen erlaubt oder sogar alltäglich ist.

k) Der linkshändige Pfad

Die ewig währende Ekstase ist das finale Ziel des Tantrikers. Wie er zu diesem Zustand kommt, ist ihm dabei völlig gleichgültig, Hauptsache, er erreicht ihn schnell und direkt. Einzig und allein das Verlangen nach dem ekstatischen Rausch treibt ihn an. Um zu diesem Ziel zu gelangen, muss er den Schöpfungsprozess umkehren. Dies kann er jedoch nur dann erreichen, wenn er seine eingefahrenen Denkmuster überwindet und sämtliche Konventionen bricht. Hierzu bedient der Tantriker sich des bereits erwähnten

Tabubruchs, der ihm als zweckdienliches Mittel zur Grenzüberschreitung dient.

In früheren Zeiten waren Tantriker daher gefürchtet und wurden verachtet, da sie teilweise gegen alles, was der Gesellschaft heilig war, verstießen. Um mögliche Konflikte von vornherein zu umgehen, praktizierten sie ihre tantrischen Riten daher nur im Geheimen. Tantrisches Wissen wurde nur vom Meister an den Schüler weitergegeben und, wenn überhaupt, nur in verschlüsselter Form schriftlich festgehalten. Hierbei wurde sehr viel mit symbolhaften Umschreibungen gearbeitet, wie das nachfolgende Beispiel zeigt: „*Wer sein Glied in den Schoß der Mutter einführt, die Brüste seiner Schwester presst, seinen Fuß auf den Kopf seines Gurus setzt, der wird nicht mehr wiedergeboren.*"[25]

Dieser Satz bedeutet so viel wie: „Wer seine Kontemplation auf das unterste Chakra richtet und die dabei entstehende Energie nach oben zum vierten Chakra leitet, bis sie schließlich weiter zum siebten Chakra fließt, verwirklicht auf diese Weise den höchsten Bewusstseinszustand." Die Mehrdeutigkeit dieses kurzen Textes veranschaulicht, dass ein Uneingeweihter diesen Sinn niemals verstehen würde und nur ein Schüler durch die Anleitung seines Meisters in der Lage ist, dessen wahre Bedeutung zu erfassen, um die darin versteckte Übung praktizieren zu können. Gleichzeitig demonstriert der Text die gängige tantrische Sprache, die in beabsichtigt schockierender Weise Tabubrüche als Stilmittel benutzt.

Derartige Texte als symbolische Umschreibung von Kontemplations-Übungen zu verstehen, ist die Praxis des sogenannten rechtshändigen Tantra, während sie beim linkshändigen Tantra als reale Anleitungen für ein tantrisches Ritual betrachtet und auch tatsächlich durchgeführt werden. Weitere Beispiele hierfür sind rituelle sexuelle Praktiken, bevorzugt mit Fremden, Meditation auf Friedhöfen, in Krematorien oder gar auf einer ausgegrabenen Leiche, ritu-

---

25 Agehananda Bharati, Die Tantra-Tradition, Freiburg 1977, Aurum Verlag, S.140

eller Verzehr von Menschenfleisch und Exkrementen, zeremonielle Verwendung von Menstruationsblut, Essen und Trinken aus einem Totenschädel und Kochen von Speisen auf Leichenholzresten.

Die sich daraus ergebenden ethischen Konflikte führten zu einer Trennung in das links- und rechtshändige Tantra, in einen gesellschaftskonformen Tantra-Weg und einen, der es nicht ist.

Teil 2

Erfahrungen mit Yoga und Tantra

1. Chakras und New Age

a) Die Neuinterpretation der Chakras

Während sich das *Sat-Chakra-Nirupana* auf die Beschreibung der Symbolik der einzelnen Chakras, die ihnen zugehörigen Gottheiten und die Auswirkungen der Meditation beschränkt, finden sich in späteren Werken Zuordnungen zu Sinnesorganen, Sinneswahrnehmungen, Organen und Körperteilen. In der westlichen New Age Literatur kommen Zuordnungen zu endokrinen Drüsen, psychischen Funktionen und Lebensabschnitten hinzu, wonach jedes einzelne Chakra für ein Lebensjahrsiebt steht, in welchem dieses die körperliche, seelische und spirituelle Entwicklung des Individuums prägen soll.

Von der Geburt bis zum siebten Lebensjahr dominiert demnach das erste Chakra (Wurzel-Chakra). Nach dem Durchtrennen der Nabelschnur geht es somit zunächst einmal um die Befriedigung der Grundbedürfnisse unserer physischen Existenz: um Essen, Trinken und Schlafen. Neben den Maßnahmen zur Erhaltung des eigenen Körpers werden aber auch Maßnahmen zur Erhaltung der eigenen Art vom ersten Chakra verkörpert. Hierzu gehört auch die Fortpflanzung, obgleich diese nicht im ersten Lebensjahrsiebt praktiziert wird.

In der Zeit vom siebten bis zum vierzehnten Lebensjahr, die vom zweiten Chakra (Sakral-Chakra) geprägt wird, steht das Verlangen nach sinnlicher Erfahrung und das Erleben körperlicher Freude im Vordergrund. Dies beinhaltet den Austausch von Gefühlen und das

Bedürfnis nach Berührung und Zärtlichkeit, verbunden mit Sinnlichkeit, Erotik, Kreativität und Schönheit. In diesen Lebensabschnitt fällt die Pubertät und die Auseinandersetzung mit der aufkeimenden Sexualität.

Das dritte Chakra (Nabel-Chakra), das vom vierzehnten bis zum einundzwanzigsten Lebensjahr dominiert, beinhaltet die gezielte Auseinandersetzung mit jedem, dem man begegnet. Hierzu gehören Familie, Freunde, Lehrer, später auch Vorgesetzte und alle Personen, mit denen man im Laufe eines Lebens konfrontiert wird. Die zentrale Frage in diesem Lebensabschnitt lautet: Setzt man sich durch oder passt man sich an? Daher haben Leistungswille, Durchsetzungskraft und Machtstreben ebenso ihren Ursprung in diesem Chakra wie die Anpassung an gesellschaftliche Normen. Über allem steht jedoch die Suche nach dem eigenen Platz in der Welt, den man durch Kampf oder Angleichung zu erobern sucht.

Vom einundzwanzigsten bis achtundzwanzigsten Lebensjahr prägt das vierte Chakra (Herz-Chakra) unser Leben. Hier stehen die Eigenschaften im Vordergrund, die wir gewöhnlich mit dem Herzen in Verbindung bringen: Zuneigung, Wärme, Vertrauen, Offenheit, Mitgefühl, Hilfsbereitschaft und Verständnis. Gefühle wie Zuneigung und Freundschaft haben hier ebenso ihren Ursprung wie die Liebe zu einem anderen Menschen und die Liebe zu Gott.

Das fünfte Chakra (Hals-Chakra) prägt vom achtundzwanzigsten bis fünfunddreißigsten Lebensjahr unsere Entwicklung. Hier geht es um das Bewusstwerden seiner eigenen Position in Bezug zum Universum. Aus dem Wissen heraus, wo man selbst steht, erfolgt die Positionierung anderen gegenüber. Dies gilt auch für die Kommunikation mit feinstofflichen Welten, mit unserem geistigen Führer und mit Gott.

Das sechste Chakra (Stirn-Chakra), das vom fünfunddreißigsten bis zum zweiundvierzigsten Lebensjahr unsere Entwicklung prägt, steht für die Öffnung des menschlichen Bewusstseins für feinstoffliche Realitäten jenseits der materiellen Welt. Hieraus erwächst die

Fähigkeit, Eindrücke aus anderen Sphären wahrzunehmen und unsichtbare Wesenheiten wie Naturgeister, geistige Führer, Verstorbene, Engel oder auch Gottheiten zu erfassen, sei es durch innere Bilder oder auch als konkrete Wahrnehmung durch die physischen Augen. Aura-Sichtigkeit und die Fähigkeit, die Chakras zu „sehen", gehören ebenfalls zum Aufgabenbereich dieses Chakras sowie Medialität und die Fähigkeit der Inkorporation.

Das siebte Chakra (Scheitel-Chakra), welches das letzte Lebensjahrsiebt unserer Entwicklung ab dem zweiundvierzigsten Lebensjahr beherrscht, steht für die Öffnung des menschlichen Bewusstseins für Gott. Es prägt unsere Einstellung zum Göttlichen an sich, zur eigenen Göttlichkeit, zur Göttlichkeit im anderen Menschen und zur Religion, was die Bereitschaft zu religiösen Praktiken und die Akzeptanz von religiösen Lehren beinhaltet. Dieses Chakra ist auch der Ort, an dem das individuelle „Ich" zum universellen „Ich" wird, wo sich das menschliche Bewusstsein mit dem Göttlichen vereinigt und wir uns als eins mit unserem Selbst, mit Gott und mit dem gesamten Universum erleben.

b) Chakras und Gesundheit

Die medizinische Bedeutung der Chakras ist nicht unumstritten. Oftmals werden ihnen, analog den „Headschen Zonen", bestimmte Körperareale entsprechend den sich dort befindlichen Organen, Geweben und Drüsen zugesprochen. Als „Headsche Zonen" werden in der Medizin Hautabschnitte bezeichnet, die eine reflektorische Verbindung zu inneren Organen aufweisen. Durch Schmerzen oder Verkrampfungen in bestimmten Hautarealen lassen sich darüber Organerkrankungen diagnostizieren und durch Stimulationen der Haut, Massagen oder Einreibung mit speziellen Ölen Beschwerden positiv beeinflussen und sogar heilen.
In ähnlicher Weise ist es angeblich möglich, körperliche Be-

schwerden über eine entsprechende „Chakra-Arbeit" zu therapieren. Hierbei handelt es sich um eine empirische Erfahrungsmedizin, die sich nicht unbedingt wissenschaftlich erklären lässt. Beispielsweise werden Patienten, bei denen die Ursache ihrer Beschwerden in Zusammenhang mit dem ersten Chakra stehen sollen, rote Steine empfohlen, um das erste Chakra zu stimulieren. Die Behandlungsmethode basiert auf der Annahme, dass die Farbe der sieben Chakras den sieben Regenbogenfarben entspricht: Das erste Chakra wäre dann Rot, das zweite Orange, das dritte Gelb und so weiter. In gleicher Weise sollen Chakras mit Farblampen nach denselben Zuordnungen bestrahlt werden. Bei der sogenannten „Chakra-Energie-Diät" werden den Chakras Lebensmittel aufgrund ihrer Farbe zugeordnet: Rote Gemüse wie rote Kartoffeln, rote Beete und Rotkohl sowie rote Früchte (z.B. Granatapfel, Erdbeeren, Himbeeren, Cranberries und Blutorangen) für das erste Chakra, orangefarbene Lebensmittel wie Karotten, Kürbis, Orangen, Pfirsiche, Aprikosen, Mangos und Papayas für das zweite Chakra, gelbe Nahrungsmittel und Gewürze wie Zitronen, Ananas, Mais, gelbe Paprika, Ingwer und Kurkuma für das dritte Chakra und auch hier entsprechend fortlaufend.[26]

Um ein bestimmtes Chakra zu stärken, sollen die Speisen vorwiegend bunte Nahrungsmittel aus dieser Liste enthalten: Omelette mit roter Paprika und Salsa-Soße für das erste Chakra, Salat mit Orangen- und Karottenstückchen sowie essbaren orangefarbenen Blüten für das zweite Chakra oder Spinat als Beilage für das vierte Chakra.

Andere Formen der Chakra-Therapie sind das Auflegen von Steinen oder Metallen, die Beschallung der Chakras mit bestimmten Instrumenten (tibetischen Klangschalen oder australischen Didgeridoos) oder künstlichen Klängen, die mit Synthesizern erzeugt werden. Eine weitere Methode ist das Aufladen der Chakras mit Prana in Form der „Pranaheilung" oder auch mit Hilfe von Reiki. Dies ist auch als Selbstbehandlung möglich, indem sich Reiki-Praktizierende

---

26 Vgl. Becca Chopra, The Chakra Energy Diet, Pahoa/Hawai 2014, Kindle Edition

selbst die Hände auflegen oder Yoga-Praktizierende in das Chakra atmen, oft verbunden mit der Vorstellung, zusammen mit dem Atem weißes Licht in das Chakra zu leiten. Üblich sind auch Visualisierungsübungen, bei denen man sich die dem Chakra zugeordnete Farbe vorstellt. Hierzu gibt es auch Entspannungs-CD's mit geführten Meditationen und einer sanften Hintergrundmusik, um sich möglichst mühelos auf das entsprechende Chakra einzustimmen.

2. Erweckung der Kundalini

a) Vorbemerkung

Kundalini wird im Tantra mit Shakti gleichgesetzt, der welterschaffenden Göttin, die im Menschen als zusammengerollte Schlange im untersten Chakra (Muladhara) an der Basis der Wirbelsäule ruht. Shiva symbolisiert Bewusstsein und hat seinen Sitz im Kronen-Chakra (Sahasrara) über dem Kopf. Erwacht die Kundalini, steigt sie in der Sushumna, dem dafür vorbereiteten Kanal im Bereich des Rückenmarks, Chakra für Chakra nach oben, bis sie das Sahasrara-Chakra erreicht, wo sich Shiva und Shakti vereinigen. Die bereits hier beginnenden Unstimmigkeiten basieren auf der symbolischen Deutung dieser spirituellen Kraft im Tantrismus. In Wirklichkeit befinden sich die Chakras außerhalb des Körpers auf der Oberfläche des Ätherkörpers, der den physischen Köper um anderthalb Zentimeter überragt.

Zu jedem der sieben Hauptchakras existiert jeweils ein Pendant auf der Oberfläche des Astral- und Mentalkörpers. Lediglich die Mentalkörper-Chakras stehen in Bezug zu unserer spirituellen Entwicklung. Sie befinden sich zwanzig bis dreißig Zentimeter außerhalb des physischen Körpers. Die Chakras auf dem Ätherkörper nehmen im Wesentlichen das Baumaterial für die astrale Aura auf, die unseren physischen Körper um zehn bis fünfzehn Zentimeter überragt. Erst Anfang der Neunzigerjahre des letzten Jahrhunderts wurde durch unsere Forschungen bekannt, dass die Ätherkörper-Chakras neben ihrer Aufnahmefunktion auch den Kontrollzyklus der „Fünf Elemente" der chinesischen Akupunkturlehre kontrollieren. Sie üben damit Einfluss auf die Energieverteilung von Prana aus, das in unseren Meridianen fließt.[27] Daraus geht hervor: Außer dem siebten Chakra (Sahasrara- oder Kronen-Chakra) ist kein einziges Chakra mit dem Sushumna-Kanal, durch den die Kundalini fließt, verbunden. Über das erste Chakra (Muladhara- oder Wurzel-Chakra) wird spirituelles Prana aufgenommen, das sich auf einer wesentlich feinstofflicheren Ebene befindet als energetisches Prana, das über Nahrung und Atmung aufgenommen wird. Häufig werden die beiden vollkommen verschiedenen Arten von Energien verwechselt, da sie in Indien beide als Prana bezeichnet werden. Das Resultat ist der Versuch, mittels Atemübungen die Kundalini zu wecken, indem der Atem auf das Wurzel-Chakra gelenkt und dann die Wirbelsäule hochgezogen wird. Wird dies ohne Mantra praktiziert, besteht keine Gefahr, dass die Kundalini dabei geweckt wird. Bei den aufsteigenden Energieströmen, über die diese Praktizierenden berichten, handelt es sich in Wirklichkeit um Prana-Ströme, die *außerhalb der Sushumna* die Wirbelsäule hochfließen. Übertreibt man dabei, führt dies zu einer Überreizung, die Unruhe, Nervosität und auch Schlafstörungen nach sich ziehen kann. Bricht man die Übung ab, beruhigt sich das Ganze wieder. Wird dieselbe Übung jedoch mit speziellen Mantras ausgeführt, kann die Kundalini durch die spirituelle Kraft dieser Mantras und die Fokussierung ihrer Wirkung auf die Sushumna erwachen. Diese Übungen sind ohne Begleitung durch einen spirituellen Meister sehr gefährlich und sollten niemals in Eigenregie durchgeführt werden. Früher wurden diese Techniken aus verständlichen Gründen geheimgehalten, heute kann man sie in vielen Büchern und teilweise sogar im Internet nachlesen. Das ist vollkommen unverantwortlich und auch nicht im Rahmen von Studien spiritueller Praktiken anderer Kulturen zu rechtfertigen.

---

27 Vgl. Dietmar Krämer, Neue Therapien mit Farben, Klängen und Metallen, Bad Camberg 2010, Isotrop Verlag, S. 171 ff.

Das spirituelle Prana, das über das Wurzel-Chakra aufgenommen wird, sammelt sich im Damm in einem Bereich, der die Größe eines Vogeleis besitzt und in der indischen Literatur als *Kanda* bezeichnet wird. Dort teilt es sich in eine kalte Energie, die auf der linken Seite den *Ida-Nadi* (Mondnerv) aufsteigt, und in eine heiße Energie, die auf der rechten Seite in den *Pingala-Nadi* (Sonnennerv) fließt. Beide Energiekanäle (Nadis) befinden sich eineinhalb Fingerbreit seitlich der Sushumna, die sich im Bereich des Rückmarks nach oben erstreckt. Die heiße Energie des Sonnennervs steht für unseren spirituellen Antrieb und beinhaltet alles, was uns zum Licht streben lässt. Die kalte Energie des Mondnervs hemmt dieses Streben und steht für alles, was uns auf unserem Weg zaudern lässt. Erwacht die Kundalini, existiert keine Trennung in heiße und kalte Energie mehr. Spirituelles Prana verdichtet sich in Kanda und steigt in konzentrierter Form als Kundalini in der Sushumna auf, bis es das oberste Chakra erreicht.[28]

In der indischen Literatur wird dieser Vorgang als Vereinigung von heißer und kalter Energie beschrieben, was sachlich nicht ganz korrekt ist. In Wirklichkeit spaltet sich spirituelles Prana nach dem Erwachen der Kundalini nicht mehr in zwei gegensätzliche Anteile, sondern steigt in reiner Form auf. Ida und Pingala sind ab diesem Zeitpunkt funktionslos und sterben innerhalb von drei Wochen ab. Letztendlich bedeutet dies, dass das Erwachen der Kundalini unumkehrbar ist und es kein Zurück mehr gibt – der Betroffene ist dieser Kraft fortan schonungslos ausgeliefert.

Neben den Chakras, durch die die Kundalini angeblich nacheinander aufsteigt, werden in der indischen Literatur drei *Granthis* (Knoten) in der Sushumna beschrieben, die ein Hindernis für den Aufstieg der Kundalini darstellen und nacheinander bezwungen werden müssen. Jeder dieser Knoten symbolisiert eine spezielle Art von Anhaftung, die für den spirituellen Weg hinderlich ist und die

---

28 Vgl. Dietmar Krämer, Der Aufstieg der Kundalini, Grafing 2008, Aquamarin Verlag, S.103 ff.

Kundalini an dieser Stelle blockiert. Erst wenn die entsprechende Anhaftung überwunden ist, kann die Kundalini auf ihrem Weg weiter nach oben fließen. Dies gilt jedoch nur für den „langsamen" Weg, bei dem die Kundalini unter Anleitung eines spirituellen Meisters und unter Verwendung spezieller Yoga-Techniken erweckt und schrittweise nach oben geführt wird. Erwacht die Kundalini vorzeitig, bewegt sie sich im Augenblick der Erweckung explosionsartig nach oben und durchschlägt sämtliche Granthis.

Im Tantra gilt Kundalini als schöpferische Kraft, während sie im Hinduismus als Kraft Shivas angesehen wird. Shiva ist dort Teil der göttlichen Trinität: Brahma (Schöpfer), Vishnu (Erhalter) und Shiva (Zerstörer) und damit eine persönliche Gottheit, im Gegensatz zum Tantra, wo er lediglich Bewusstsein symbolisiert. Betrachtet man die tragischen Fälle, in denen Kundalini vorzeitig erwachte – ich selbst habe drei Todesfälle miterlebt –, so liegt der Schluss nahe, dass es sich um eine zerstörerische Kraft handelt. Vorzeitiges Erwachen, also bevor Körper, Geist und Seele auf diese unbändige Kraft vorbereitet sind, ist meist begleitet von massiven Kundalini-Krisen, die es den Betroffenen teilweise unmöglich machen, ein normales Leben zu führen, was in Einzelfällen bis zur Invalidität führen kann. Aber auch in Fällen, in denen der Praktizierende durch jahrzehntelanges Yoga-Training vorbereitet ist, können Phasen auftreten, in denen die Kundalini plötzlich sehr heftig wird und der Betroffene zeitweilig im Alltag nicht mehr zurechtkommt.

Kundalini ist substanziell eine destruktive Kraft, die mit ihrem Feuer unsere Anhaftung verbrennt und uns somit von dem befreit, was im Yoga als Ursache allen Leidens betrachtet wird. Ist dieser Vorgang zu intensiv, führt dies zu einer Desillusionierung, die als Depression erlebt wird. Außerdem lösen sich dabei die „Verbindungen des Sehenden mit dem Gesehenen" auf, was nach Patanjali die eigentliche Ursache für Anhaftung darstellt[29]. Indem wir etwas se-

---

29 Vgl. Dietmar Krämer, Die Weisheit der Yoga-Sutras von Patanjali, Norderstedt 2012, BOD-Books on Demand, S. 55

hen, gehen wir mit dem Gesehenen eine Verbindung ein, Anhaftung ist die Folge. Eine direkte Auswirkung der Kundalini ist daher, dass die Welt nicht mehr so real erscheint, wie das bisher der Fall war. Dies bezieht sich nicht auf die optische Wahrnehmung, sondern auf die Interpretation durch unser Bewusstsein. Aufgrund unserer Prägung, nach der die materielle Welt die einzige Wahrheit ist, stellen wir aber nicht die Realität infrage, sondern unseren eigenen Platz in dieser Realität. Wir haben das Gefühl, nicht ganz da zu sein, was wie eine Art von Verträumtheit erlebt wird. Fast jeder, bei dem die Kundalini erwacht ist, kennt dieses Phänomen. Durch stärkere Fokussierung unserer Aufmerksamkeit lässt sich dies allerdings kompensieren. Wird die Kundalini jedoch aufgrund intensiverer Meditation, spiritueller Arbeit oder infolge spiritueller Attacken sehr heftig, tritt dieses lästige Symptom erneut auf und beeinträchtigt unsere Konzentration.

b) Das Erwachen der Kundalini

Sind Körper, Geist und Seele vorbereitet, erwacht die Kundalini auf natürliche Weise ohne jedes Zutun. Die Betroffenen erleben keinerlei Krisen und bekommen das Erwachen oft auch gar nicht mit. Ungekannte Glücksgefühle in Situationen, in denen sie sich stark berührt fühlen, etwa in einem Konzert oder im Theater, bringen sie nicht mit der Kundalini in Verbindung. Dass diese Wonnen durch die erwachte Kundalini hervorgerufen werden, die in solchen Momenten unvermittelt aufsteigt, ist ihnen nicht bewusst, selbst dann nicht, wenn sie Kenntnis von dieser Thematik haben. Dies liegt meist daran, dass diese Glücksgefühle nur selten von irgendwelchen angenehmen Empfindungen begleitet sind, die in der Wirbelsäule aufsteigen.

Dieses spontane Erwachen der Kundalini tritt nicht nur bei Personen auf, die intensiv Yoga, Tantra oder irgendeine andere spirituelle Methode praktizieren. Es kommt gelegentlich auch bei Menschen vor, die sich überhaupt nicht mit spirituellen Themen beschäftigen und ein ganz „normales" Leben führen, das auf die Pflichten des Alltags und die Vergnügungen, die unsere Freizeitindustrie bietet, ausgerichtet ist. In ihrem Fall ist die Ursache in einem früheren Leben zu suchen, in welchem die Kundalini durch intensive Yoga-Praxis bereits erweckt wurde. Da der Prozess des Erwachens der Kundalini unumkehrbar ist und sich die Sushumna im unsterblichen spirituellen Körper befindet, nimmt der Betreffende die Kundalini ins nächste Leben mit. In einigen wenigen Fällen ist diese bereits kurz nach der Geburt wach, meist erwacht sie jedoch erst im Laufe des Lebens spontan und undramatisch.

Durch tantrische Praktiken und Kundalini-Yoga wird die Kundalini gezielt geweckt. Hierbei werden vor allem spezielle Atemtechniken (Pranayama) in Verbindung mit Mantras benutzt, ergänzt durch Konzentration auf die Chakras. Oft kommt noch die Visualisierung yantrischer Bilder und die meditative Arbeit mit Klängen dazu. Das linkshändige Tantra bedient sich zusätzlich sexueller Praktiken.

Dieser Weg ist nicht ungefährlich und sollte daher nur unter Anleitung eines spirituellen Meisters erfolgen. In Indien wird in diesem Zusammenhang streng zwischen einem spirituellen Lehrer (Acharya) und einem Meister (Guru) unterschieden. Ein spiritueller Lehrer vermittelt lediglich das Wissen, das er von seinem eigenen Lehrer oder auch Meister erlernt hat. Ein spiritueller Meister dagegen ist ein verwirklichter Mensch, der selbst durch all die Stufen gegangen ist, die er lehrt. Er übernimmt die volle spirituelle Verantwortung für seinen Schüler und verpflichtet sich, dessen geistigen Weg ständig zu überwachen und einzugreifen, wenn irgendetwas schiefläuft. Ein spiritueller Lehrer besitzt gar nicht die Möglichkeiten dazu, er kennt nur die Praktiken, die er selbst erlernt hat, und verfügt über keinerlei *Siddhis* (übernatürliche Fähigkeiten), die erforderlich sind, um beispielsweise eine zu stark gewordene Kundalini seines Schülers zu kontrollieren oder spirituelle Attacken abzuwehren. Im Gegensatz zu einem spirituellen Lehrer hat daher ein spiritueller Meister nur wenige Schüler (Chelas), die er sich selbst aussucht. Daneben hat er Hunderte oder gar Tausende von Anhängern (in Indien *Devotees* genannt), die er durch Worte oder auch seine persönliche Präsenz (Darshan) lehrt.

Die große Dramatik bei Kundalini-Unfällen, wie sie im Abschnitt „Kundalini-Krisen" und den nachfolgenden Fallbeispielen beschrieben werden, besteht darin, dass die Betroffenen keinen Meister haben, der für sie die Verantwortung übernimmt und eingreift, wenn es notwendig ist. Dasselbe gilt für Yoga-Praktizierende, die unter Anleitung eines spirituellen Lehrers ihre Kundalini erwecken und den dadurch ausgelösten Krisen hilflos ausgeliefert sind, falls diese zu früh erwacht.

Vorzeitiges Erwachen bedeutet, dass Körper, Seele und Geist in keiner Weise auf diese unbändige spirituelle Kraft vorbereitet sind. Auslöser hierfür sind heftige körperliche Erschütterungen (z.B. ein äußerst massiver Sturz auf das Steißbein), heftige seelische Erschütterungen, übertriebene Meditation, riskante Energieübungen, bei denen Hitze im Unterbauch (insbesondere im Bereich von *Kanda*) erzeugt wird, und, verhältnismäßig selten, Drogen. In diesen Fällen erwacht die Kundalini gewaltsam, durchschlägt sämtliche Granthis und tobt in der Sushumna. Die Folge sind Kundalini-Krisen, die von massiven körperlichen, psychischen und spirituellen Phänomenen begleitet werden. Verursacht werden diese durch Verunreinigungen in der Sushumna, die die Kundalini zum Toben bringen. Der Vorgang ist vergleichbar mit einer Rakete, die durch ein verstopftes Rohr geschossen wird.

c) Auswirkungen

Wie bereits beschrieben, erzeugt die aufsteigende Kundalini nicht unbedingt spürbare Symptome im Körper selbst, wenn sie sich im

Alltag von allein aktiviert. Oft macht sie sich durch Glücksgefühle in besonderen Situationen bemerkbar, in denen man sich emotional stark angesprochen fühlt. Dies kann beispielsweise beim Musikhören auftreten, indem sich der Betroffene in einer bisher nicht gekannten Weise berührt fühlt und die Musik als etwas erlebt, was in seinem Inneren zu entstehen scheint, anstatt von außen auf ihn einzuströmen. Es gibt aber auch typische Symptome, die in der Meditation auftreten, wenn die Kundalini entweder bewusst oder durch den Meditationsvorgang selbst unabsichtlich aktiviert wird.

Teilweise wird der Strom der Kundalini in der Sushumna als eine sehr starke zunehmende Wärme wahrgenommen, die vom unteren Ende der Wirbelsäule aufsteigt und sich in Einzelfällen bis zu einer kaum zu ertragenden Hitze steigert, die den Körper zu verbrennen droht. Diese Hitze ist oft mit einem sehr starken Glücksgefühl verbunden, das zusammen mit der Wärme die Wirbelsäule aufsteigt und Empfindungen von Glückseligkeit auslöst, sobald sie im Kopf angekommen ist. In Einzelfällen treten dabei orgastische Gefühle auf, die wesentlich intensiver sein können als die Empfindungen, die beim Sex erlebt werden. Manchmal breitet sich das lustvolle Kribbeln von der Wirbelsäule auch über den ganzen Körper aus, der von Glückseligkeit durchflutet wird.

Gleichzeitig treten Lichterscheinungen auf, entweder in der Wirbelsäule selbst oder im Inneren des Schädels. Manchmal ist das ein strahlendes weißes Licht, das die Wirbelsäule emporsteigt und sich im Kopf zu einem Meer von Licht ausbreitet. Aber auch ineinander fließende Farben oder farbige Bilder, die sich kaleidoskopartig abwechseln, sind möglich. In manchen Fällen breitet sich das Licht im ganzen Körper aus, so dass dieser von strahlendem Licht und Glückseligkeit erfüllt ist.

Zusammen mit den Lichterscheinungen treten auch akustische Wahrnehmungen auf, meist ein feines leises Rauschen, verbunden mit einem Gefühl der Stille. In Einzelfällen kann sich dies bis zu einem gewaltigen Rauschen steigern, ähnlich dem Tosen eines Wasserfalls. Gelegentlich kommen auch andere Geräuschen vor, wie Zischen, Zirpen, Pfeifen sowie Klänge von Musikinstrumenten wie Flöten, Zimbeln und Glocken.

Neben einem tiefen inneren Frieden, verbunden mit teilweise ekstatischen Glücksgefühlen, kommt es auch zu Empfindungen von allumfassender Liebe, der Verbundenheit mit allen Wesen und der Harmonie mit der ganzen Welt. Oft halten diese Gefühle nach der Meditation noch längere Zeit an oder treten auch außerhalb der Meditation auf, etwa beim Singen religiöser Lieder oder beim Gebet.

Nachfolgend einige Zitate von Betroffenen:

- *Ein pulsierendes Kribbeln stieg in meiner Wirbelsäule hoch, und ich spürte meinen Körper immer weiter über seine fleischlichen Grenzen hinaus.*
- *Die Wärme stieg immer weiter nach oben, und mein ganzer Körper fühlte sich so an, als würden Millionen Ameisen auf ihm herumkrabbeln. Diese Energie schien sich auszubreiten, und ich hatte das Gefühl, es würde einfach nicht aufhören.*
- *Ich spürte eine tiefste Verbundenheit mit dem Universum, und ich hatte das Gefühl, als wäre ICH das Universum, alles verschwamm fließend ineinander, so als gäbe es zwischen den Molekülen meines Körpers und dem Rest der Welt keine erkennbaren Abstände mehr.*
- *Meine Hände waren wie Feuerbälle, das Gefühl in meiner Wirbelsäule blieb auch noch einige Tage lang sehr intensiv.*
- *Bei einer Meditationsübung wurde ich von Strom durchschossen, ich zitterte am ganzen Körper, als ob ich an einer Stromleitung hing. Um mein Herz wurden dicke Ketten gesprengt, und unmittelbar später wurde mein Bauchraum ganz hell.*
- *Ich sah alles um mich herum leuchten. Ich glaube, es hat etwa zehn Minuten gedauert, danach konnte ich nicht mehr stehen.*

Ich zitterte immer noch ganz stark, musste mich dann hinsetzen und schrie noch immer. Dann musste ich mich auf die Erde legen, da ich keine Kraft mehr hatte zu sitzen. Ich war erschöpft und konnte erst einmal nicht glauben, was mir da passiert war.
- Das, was ich dann erlebt habe, war wunderbar auf der einen Seite, und auf der anderen Seite dann wieder furchtbar. Ich wusste nicht, was ich machen sollte; ich lebte in einer anderen Welt.
- In Schüben strömen diese Hitzeempfindungen die Wirbelsäule hoch, und seit einiger Zeit fließen sie auch in den Kopf.
- Wenn die Energieschübe so schlimm sind, habe ich Angst davor, was mit mir passiert.
- Nachts ist das dunkle Zimmer hell.
- Als wir abends nach einer Feier nach Hause kamen, setzte ich mich mit meinem Sohn auf die Couch. Plötzlich war dieses Kribbeln da, das hinaufstieg bis in den Kopf und mir dort einen Stich verursachte, so dass ich plötzlich Panik bekam, weil mein Kopf auf einmal völlig leer war. Mein Herz fing an zu rasen, und ich bekam Schweißausbrüche.
- Von da ab war jeder Tag, als wäre er nicht wirklich – ich ging wie durch einen Nebel.
- Das Kribbeln und das Herzrasen blieb auch in Situationen, die nicht angstmachend waren. Ich beobachtete nun die Symptome und stellte fest, dass das Kribbeln bei den Füßen begann und den Rücken hinaufstieg. In der Herzgegend begann dann immer dieses Herzklopfen bis hin zu Herzrasen.
- Wenn ich dann entspannt bin, spüre ich mein Herz und empfinde eine übergroße Liebe, die ich sonst nie spüre, wenn ich mich mit anderen Dingen ablenke. Ich weine sehr, sehr viel.
- Manchmal hatte ich das Phänomen, dass ich morgens meine Augen nicht aufmachen konnte, obwohl ich wach war.
- Ich kann Farben sehen, wo keine sind.
- Ich habe auch diese hellen Töne im Ohr. Manchmal werden sie auch etwas dumpfer. Das hatte ich früher alles nicht.

- *Außerkörperliche Wahrnehmungen machen mir Angst, weil ich immer daran denken muss, ob ich auch wieder in meinen Körper zurückfinde.*

d) Kundalini-Krisen

Erwacht die Kundalini vorzeitig, kommt es zu teilweise dramatischen Krisen, die in Einzelfällen lebensbedrohliche Ausmaße annehmen können. Ursache hierfür sind, wie bereits beschrieben, Verunreinigungen in der Sushumna, die die Kundalini zum Toben bringen. Hierbei treten körperliche, psychische und spirituelle Phänomene auf, die für den Betroffenen äußerst belastend sein können und vielfach ein normales Leben nahezu unmöglich machen. Manche erholen sich im Laufe der Zeit wieder davon und erlangen ihre Arbeitsfähigkeit zurück, andere fristen vom Zeitpunkt des Erwachens ihrer Kundalini an als Invalide ihr Dasein.

Körperliche Phänomene können sich äußern als unwillkürliche Körperbewegungen in Form von anhaltendem Zittern, Vibrieren des gesamten Körpers, Muskelzuckungen bis hin zu unvermitteltem Um-sich-Schlagen wie bei elektrischen Schlägen oder heftigen Kopfbewegungen bis hin zu unkontrolliertem Kopfschütteln. Manchmal kommt es auch zu Lähmungserscheinungen, insbesondere im Bereich der Extremitäten. Neben lustvollen Empfindungen, wie Kitzeln, Kribbeln, Jucken, Vibrieren und elektrischen Strömen, die durch einzelne Körperteile ziehen, kann es auch zu sehr unangenehmen Erscheinungen kommen, wie extremer Hitze oder extremer Kälte im ganzen Körper oder auch in einzelnen Körperteilen. Die Hitze kann sich bis zu einer feurigen Glut im Bereich der Wirbelsäule steigern, die extrem schmerzhaft sein kann, verbunden mit dem Gefühl, innerlich zu verbrennen. Teilweise treten schlagartig heftige Schmerzen im Kopf oder in der Wirbelsäule auf, die ebenso abrupt wieder verschwinden.

Neben positiven Empfindungen wie Gefühlen des Friedens und der Harmonie kommt es auch zu Phasen intensiver Angst, Furcht, Verwirrung und teilweise tiefen Depressionen. Extrem belastend sind Verzerrungen des Denkprozesses, die sowohl verlangsamtes als auch beschleunigtes Denken beinhalten können. Oft kommt es zu kurzfristigen Blockaden, die jegliches Denken unmöglich machen. Manche verfallen mitten im Alltag plötzlich in tiefe Trance-Zustände oder erleben eine schlagartige Verwirrtheit mit der Angst, kurz vor einer Geisteskrankheit zu stehen.

In Einzelfällen kommt es zu spirituellen Phänomenen, die für den Betroffenen vollkommen verwirrend sein können. Hierzu gehören außerkörperliche Erfahrungen, etwa das Gefühl, den Körper zu verlassen, oder gar die Beobachtung des eigenen Körpers von außen, teilweise auch paranormale Wahrnehmungen, wie plötzliche Aura-Sichtigkeit oder Visionen von Meistern oder Gottheiten.

e) Fallbeispiele

Fall 1
Eine Frau, Mitte zwanzig, praktiziert regelmäßig Vipassana Meditation, eine buddhistische Technik, bei der es darum geht, die Dinge so zu sehen, wie sie wirklich sind. Ausgangspunkt ist die enge Wechselbeziehung zwischen Körper und Geist, die in Form von Selbstbeobachtung zur Arbeit an sich selbst genutzt werden soll. Sie hat darüber einen 10-tägigen Kurs besucht, bei dem sie pro Tag zehn bis zwölf Stunden meditierte, indem sie versuchte, ihren Körper innerlich wahrzunehmen und dabei systematisch abzuscannen. Ihre Aufgabe bestand darin, nur Beobachterin zu sein und eventuelle Schmerzen, etwa durch das lange Sitzen, mit Abstand zu betrachten.

Eines Tages kommt ihr die Idee, diese Technik auf ihre therapieresistente Blasenentzündung anzuwenden, unter der sie seit über einem Jahr litt. Zu diesem Zweck setzt sie sich morgens und abends je *drei* Stunden mit geschlossenen Augen hin und konzentriert sich auf ihren Unterleib. Als sie sich einige Wochen später auf ihre Verspannungen im Brustkorb ausrichtet, fließt eine starke Energie vom Steißbein bis zur Schädeldecke empor. Diese Energie löst in ihrem Brustkorb so etwas wie eine Explosion aus. Es fühlt sich für sie an, als ob sie unter Strom stehe und sich elektrische Stöße vom Herzen aus über den gesamten Körper ausbreiten. Ihr Körper vibriert dabei so stark, dass das ganze Sofa mitvibriert. Dieser Zustand hält sechs Tage lang an. Dabei hat sie das Gefühl, dass die Energie im Hals steckenbleibt, was bei ihr Panik auslöst. Sie erlebt ständig Stromstöße, die jedes Mal Zuckungen im Körper verursachen. Es kommt ihr vor, als ob sie von Stichen tätowiert würde, die wie eine Bohrmaschine in ihr Fleisch dringen und einzelne Organe wegsprengen. Sie kann sich in diesem Zustand nicht mehr konzentrieren; selbst etwas zu schreiben, ist ihr nicht mehr möglich. Sie schläft schlecht, da die Energie in ihrem Körper Tag und Nacht vibriert. Wird diese sehr feurig, leidet sie zusätzlich unter Knochenschmerzen.

Im Laufe der nächsten beiden Jahre erleidet sie weiter schreckliche Schmerzen und unergründliche Stiche an den undenkbarsten Stellen, wie sie sagt. Die Unruhe, die die permanent strömende Energie in ihrem Körper auslöst, geht von kleinsten Vibrationen im Gehirn bis hin zu starken Beben und unwillkürlichen Zuckungen, die sie nicht steuern kann. Sie hat dann weder Arme noch Beine unter Kontrolle. Dazu kommen Kältewellen, die sich mit Hitzewellen abwechseln. Außerdem quält sie ein starker Druck unter der Schädeldecke, der sich zeitweise bis zu massiven Kopfschmerzen steigert, die ihr den Schlaf rauben.

Zwei Jahre danach vibriert ihre Kundalini nach wie vor Tag und Nacht, und sie erlebt noch immer elektrische Impulse, die durch den Körper schießen und sich wie elektrische Schläge anfühlen, als ob der Blitz in jede Zelle des Körpers einschlüge. Abends, im Bett, wenn die Kundalini aktiver wird, sieht sie um sich herum ein helles Licht. In diesem Zustand kann sie nicht mehr denken. Sie bekommt zunehmend Angst, sterben zu müssen, ist verzweifelt und fühlt sich, als hinge sie an einem Faden zwischen Himmel und Hölle.

Fall 2
Ein 23-jähriger Mann beginnt mit Kundalini-Yoga, nachdem er zuvor „Tonnen von LSD" geschluckt hat, wie er sagt. Drogen nimmt er von nun an keine mehr. Während seiner LSD-Trips hatte er diverse außerkörperliche Zustände erlebt. Sie hatten keinerlei Angst bei ihm verursacht, aber er beschäftigte sich ab diesem Zeitpunkt nur noch mit spirituellen Dingen, da alles andere im Leben für ihn dadurch bedeutungslos geworden war, selbst das Thema Freundin.

Nach zwei Jahren intensiven Kundalini-Yoga-Trainings erweckt er seine Kundalini selbst und kann sie auf Anhieb mühelos aktivieren und in diesem Zustand halten. Seine Probleme beginnen zwei Jahre später, als er, wie er sagt, seine Kundalini zu schnell nach dem Sex aktiviert. Als diese aufsteigt, fühlt es sich so heftig an, als ob er Drogen genommen hätte. Doch plötzlich stoppt sie und fällt wieder zurück. Sie scheint blockiert zu sein und lässt sich von diesem Zeitpunkt an nicht mehr aktivieren. Der Kontrast für ihn ist derart drastisch, dass er nur noch daran denkt, wie er sich umbringen könnte. Von seinem Lehrer erhält er den Rat, die Aktivierung der Kundalini wesentlich vehementer zu versuchen. Es sei gegen die Regeln, den Yoga zu stoppen. Als auch dies nichts fruchtet, versucht sein Lehrer, die Kundalini im Traum zu aktivieren. Dadurch wird jedoch alles sehr viel schlimmer.

Dieser Zustand hält rund zwanzig Jahre an. Danach verschlechtert sich alles extrem, nachdem er bei einer Knie-Operation eine Spinal-Anästhesie bekommen hatte. Der durch die Kundalini gereizte Spinalnerv reagiert durch die Anästhesie überschießend, die Schmerzen werden absolut unerträglich. Vor allem die Verbrennungs-Schmerzen, die das Feuer der Kundalini auslöst, machen ihm zu schaffen. Er kann nachts kaum noch schlafen, und es wird ihm übel, sobald er zur Ruhe kommt. Sein Bauch schwillt innerhalb von Minuten sichtbar an. Er hat dann das Gefühl, trotz Luftholens kein Prana aufzunehmen und zu ersticken. Seine Hände und Füße sind manchmal eiskalt, dann folgt plötzlich ein heißer Schmerz, als ob man eine brennende Zigarette auf seinen Körper drückt. Er spürt außerdem ein Brennen im Hinterkopf und in der Stirn und hat das Gefühl, sein Körper stünde permanent unter Druck.

Jegliche Art von geistiger Konzentration verschlimmert seine Symptome und steigert seine Schmerzen. Das passiert nicht nur beim Lesen und Lernen, sondern auch bei Dingen, die ihm Vergnügen bereiten. Ein normaler Alltag ist eigentlich nicht mehr möglich. Dennoch arbeitet er weiter und unterrichtet nach wie vor Kundalini-Yoga. Dieser Zustand hält weitere vierzehn Jahre lang an.

Als der Mann in meine Praxis kommt, ist seine Kundalini seit fünfunddreißig Jahren wach, und die dadurch ausgelösten Krisen steigern sich seit dreiunddreißig Jahren beständig. Meine Untersuchung ergibt, dass die Sushumna in Höhe des zweiten Chakras zerstört ist. Kurz davor befindet sich ein Implantat, das die Kundalini an dieser Stelle stoppt und damit verhindert, dass sie aus der Sushumna austritt und den ganzen Körper überflutet. Dieses Implantat rettet ihm letztendlich das Leben.

Die Ursache seiner Krisen ist nicht die zu frühe Aktivierung der Kundalini nach dem Sex, wie er meint, sondern ein fundamentales Missverständnis der Zusammenhänge. Sexualität gilt nach dem Reinheitsideal des klassischen Yoga als unrein und Enthaltsamkeit als eine Vorbedingung für den Pfad zur Erleuchtung. Dies beruht auf einer falschen Interpretation von Patanjalis „Yoga-Sutras", auf denen der achtgliedrige Pfad des Yoga (Ashtanga Yoga) basiert. Patanjali beschreibt die zehn Regeln des Weges, wobei *Brahmacharya* Ausrichtung auf Brahman, den göttlichen Urgrund allen Seins, bedeutet. Dies meint, sein Leben so zu gestalten, dass man sich auf dieses Ziel hinbewegt und es nie aus den Augen verliert. Es beinhaltet, all das zu vermeiden, was sich auf diesem Weg als hinderlich erweist.

Hierzu gehören unter anderem zerstörerische Gedanken, die uns ein falsches Bild der Realität vermitteln, verletzende Worte, die Unfrieden erzeugen, und bestimmte Verhaltensmuster, mit denen wir uns selber Probleme schaffen. Für einen Yogi, der sein Leben einsam in Andacht und Meditation verbringt, bedeutet dies unweigerlich Zölibat. Brahmacharya wird daher vielfach auch direkt mit sexueller Enthaltsamkeit übersetzt und findet sich so auch in vielen Patanjali-Kommentaren wieder. Daraus resultiert, dass im Yoga Sexualität als etwas Unreines angesehen wird, das es möglichst zu vermeiden gilt. Von Patanjali war dies aber so nicht gemeint, ihm ging es um die Ausrichtung auf das Göttliche und die Vermeidung all dessen, was uns auf dem Weg dorthin hinderlich ist. Für einen verheirateten Mann, der seine Frau liebt und auch von dieser geliebt wird, ist Zölibat ein Hindernis, das ständige Spannungen in seiner Ehe und damit Unfrieden hervorruft.

Die Vorstellung, die Kundalini zu früh nach einer unreinen Handlung aktiviert zu haben, führt zur Zerstörung der Sushumna in Höhe des zweiten Chakras, das für Sexualität steht, indem die unkontrollierte Kundalini-Energie gegen die Unreinheit ankämpft, auf die das Bewusstsein des Betroffenen fokussiert ist. Ohne den Eingriff einer beschützenden Gottheit, die ein Implantat kurz vor der beschädigten Stelle in der Sushumna platzierte, um die Energie dort zu stoppen und den Austritt in den Körper zu verhindern, hätte der Betroffene diese Katastrophe nicht überlebt. Jeder Versuch, die „Blockade" durch vehementes Aktivieren der Kundalini zu überwinden, bringt ihn wieder in Lebensgefahr. Sowohl er als auch sein Lehrer versuchen damit unwissentlich, den Schutz, den er durch die Gnade der Gottheit erhalten hat, auszuhebeln. Indes verehrt er eine völlig andere Gottheit, von der er sich mehr angezogen fühlt: Kali. Ihr zerstörerischer Aspekt übt auf ihn eine mächtige Faszination aus. Doch Kali hat ihn nicht als Schützling auserkoren. Den wesentlichen Schritt des Yoga, seine ganzen Sinne nach dem Göttlichen auszustrecken, um diejenige Gottheit zu finden, die bereit ist, ihn über den Rand des Todes zur Unsterblichkeit zu begleiten, geht er nicht. Er hält im Gegenteil auf Gedeih und Verderb am Weg des Kundalini-Yoga fest, der für ihn die unumstößliche Wahrheit bedeutet, und den er bereit ist, bis zum bitteren Ende weiterzugehen. Aus Sicht des Yoga erschafft er damit eine neue Anhaftung, aus Sicht des Tantra ist sein Verhalten einfach nur töricht.

Fall 3
Eine 35-jährige Frau berichtet nach ihrer Rückkehr aus Indien, wo sie mehrere Tempel besucht hat, sie hätte seither Kopfschmerzen und Hitze im ganzen Körper. Der Kopf sei am heißesten, die Füße würden jedoch abends im Bett kalt. Außerdem bekomme sie mittlerweile in beiden Füßen Muskelkrämpfe, sobald sie liege. Diese halten die ganze Nacht an. Anfangs habe es nur gekribbelt.
 Tagsüber hat sie das Gefühl, sie befände sich fortwährend in einem Zustand der Meditation. Die Außenwelt nimmt sie als weit entfernt wahr. Sie sagt, sie sei wie am Schweben. Dies fühle sich für sie äußerst unangenehm an, da sie ständig den Eindruck habe, im nächsten Moment in Ohnmacht zu fallen. Zusätzlich leidet sie unter Herzrasen und Zittern in den Händen. Ihr Puls ist erhöht, ihre Lunge schmerzt und brennt, und sie hat vermehrt Mühe mit dem Atmen. Der Appetit ist stark vermindert, und sie kann nachts nicht mehr schlafen.
 Da alles mit Grippe-Symptomen begonnen hat, die nicht mehr verschwinden wollten, geht sie zunächst zum Arzt. Dieser diagnostiziert Bronchialasthma und verordnet Antibiotika und Kortison. Die Beschwerden bessern sich dadurch nur minimal, ihr Zustand hält weiter an.

Fall 4
Ein 49-jähriger Mann berichtet von einem Meditationserlebnis vor zwanzig Jahren, als er Mantra-Meditation aus der Sufi-Tradition

praktizierte. Damals verspürte er während der Meditation plötzlich eine Energie, die ihn völlig wegblies und die Angst auslöste, sterben zu müssen. Irgendetwas stieg in ihm auf und manifestierte sich im Hals. Dieses „Etwas" wischte wie eine Welle über ihn hinweg, und der Körper schien zu verschwinden. Seine Atmung setzte aus, und er hatte das Gefühl zu ertrinken. An dieser Schwelle, wie er das nennt, sei er bis heute stecken geblieben. In geschlossenen Räumen würden diese Gefühle wiederkommen, jedes Mal begleitet von Todesangst. Das, was er damals in der Meditation erlebt habe, hätte ihn bis heute nicht mehr losgelassen.

Fall 5
Eine 54-jährige Frau berichtet, ihre Kundalini-Symptome hätten vor dreißig Jahren mit Hitze begonnen, die vom Steißbein ausging und mit starken Schmerzen verbunden gewesen sei. Die Hitze sei von dort die Wirbelsäule nach oben gestiegen und habe sich im Nacken gestaut. Dort hätte sie Auflösungsgefühle ausgelöst, als ob sie aus dem Körper heraustreten würde. Abgesehen davon hätte sie ständig das Gefühl, dass sie nicht im Körper sei. Ihr Kopf fühle sich an, als ob er oben auf der Fontanelle offen sei, und ihre Wirbelsäule sei ständig in Bewegung.

Auslöser war offensichtlich ein seelisches Trauma, das bei ihr einen existenziellen Konflikt hervorrief. Die Kundalini-Symptome traten kurze Zeit danach auf.

Fall 6
Eine 74-jährige Frau leidet unter Herzrhythmusstörungen, die immer schlimmer werden und dadurch Todesängste auslösen. Die Rhythmusstörungen treten anfallsweise auf, drei Tage hintereinander, dann ein Tag Pause. Während der Anfälle sieht die Frau ein ganz helles Licht. Begonnen hat alles vor etwa fünfzehn Jahren. Damals nahm sie eine helle Aureole um den Kopf wahr und hatte danach das Gefühl, geistig wegzutreten.

Die Frau praktiziert keine speziellen Yoga-Techniken. Sie ist jedoch Mitglied in einem Rosenkreuzer-Orden und beschäftigt sich viel mit spirituellen Dingen.

f) Entwicklungsstufen

Verunreinigungen in der Sushumna verursachen, wie bereits beschrieben, die Kundalini-Krisen, indem sie die Shiva-Energie bei ihrem Aufstieg behindern und dadurch Wirbel erzeugen, ähnlich einem Stein in einem Flussbett. Durch den Fluss der Kundalini reinigt sich die Sushumna allmählich, so dass die Krisen mit der Zeit weniger werden. Es kann jedoch Jahre bis Jahrzehnte dauern, bis die Sushumna so weit gereinigt ist, dass die Krisen vollständig zum Erliegen kommen. Nun kann die Kundalini frei fließen, und es treten bei ihrem Aufstieg kaum mehr Symptome auf, weder angenehme noch unangenehme. Da sie nicht mehr wahrgenommen wird, entsteht der Eindruck, sie würde schlafen. Tatsächlich ruht sie ungenutzt am unteren Ende der Wirbelsäule und steigt nur in besonderen Situationen auf, in denen sich der Betroffene emotional stark berührt fühlt, wie beim Musikhören, beim Singen religiöser Lieder oder auch beim Gebet.

Durch gezielte Meditation lässt sie sich jedoch willkürlich aktivieren. Aber auch dann sind so gut wie keine Symptome mehr im Bereich der Wirbelsäule zu spüren, allenfalls ein leichtes Strömen von Energie, und das meist auch nur dann, wenn man sich darauf konzentriert. Erst wenn die Energie im Kopf angekommen ist, macht sie sich durch die typischen Anzeichen wie Lichterscheinungen, einem feinen Rauschen als Zeichen einer tiefen, hörbaren Stille sowie Wellen von Glückseligkeit bemerkbar. Die Intensität hängt von der Tiefe der Meditation ab. Diese wiederum ist abhängig vom dem Ausmaß der Konzentration, mit der die Kundalini bewusst die Sushumna hochgezogen wird, und der Hingabe, mit der der Praktizierende übt.

Genau genommen „ruht" die Kundalini nie gänzlich; ein winziger Anteil von ihr fließt Tag und Nacht die Wirbelsäule aufwärts. Genau dieser Anteil (er beträgt in etwa ein Hundertstel der aufgestiegenen Kundalini) ist bei Verunreinigungen in der Sushumna für die ununterbrochenen Symptome während der Krisen verantwortlich. Im Laufe der Zeit nimmt die Intensität der Kundalini und damit auch der Anteil, der Tag und Nacht fließt, stetig zu, abhängig vom Zustand der Sushumna (d.h. dem Ausmaß der Verunreinigungen, die den Fluss der Kundalini stören) und ihrer Dicke. Anfangs beträgt ihr Durchmesser nur eineinhalb Millimeter. Durch den Druck der Kundalini auf die Gefäßwand weitet sie sich jedoch wie ein dehnbarer Schlauch, und die Intensität der Kundalini nimmt dadurch weiter zu. Dieser Vorgang tritt jedoch nur allmählich ein, so dass er – außer während der nach der Erweckung auftretenden Krisen – verkraftet und meist überhaupt nicht wahrgenommen wird. Erst nach etlichen Jahren besteht die Gefahr, dass die Kundalini so stark wird, dass das Nervensystem Schaden nehmen kann. Nach unserer Erfahrung fixieren indische Yogis ihre Kundalini daher bei einem Durchmesser ihrer Sushumna von etwa zweieinhalb Zentimetern. Die meisten Praktizierenden erreichen diese Schwelle jedoch nie.

Lässt man zu, dass die Intensität der Kundalini über diesen kritischen Wert steigt, durchdringt die Shiva-Energie die Sushumna ab einem Durchmesser von zwölf Zentimetern und durchströmt den gesamten Körper unter Umgehung sämtlicher feiner Nadis, die ab diesem Zeitpunkt überflüssig geworden sind. Hierbei handelt es sich um ein System von Tausenden fein verzweigter Kanäle, die das spirituelle Prana im Körper verteilen. Sie werden anfangs über Ida und Pingala mit spirituellem Prana gespeist, nach dem Erwachen der Kundalini über die Sushumna.

Dehnt sich die Sushumna weiter aus, erreicht sie irgendwann die Grenzen des Körpers. Danach löst sie sich auf, und die Kundalini strömt frei, ohne durch ein Gefäß begrenzt zu werden, allein unter der Kontrolle des erweiterten Bewusstseins. Sie umgibt den Köper als

Lichtsäule im Abstand von einigen Zentimetern bis hin zu mehreren Metern. Dieser erhabene Zustand wird nur durch intensivstes Training unter der Aufsicht und Kontrolle einer Gottheit erreicht, wobei die letztlich lebensgefährliche Intensität der Kundalini anfangs heftige bis unerträgliche Schmerzen im ganzen Körper hervorrufen kann, bis jede einzelne Zelle dieses extreme Energieniveau verkraftet.

Ein weiterer Aspekt der Kundalini-Praxis ist die Manifestation von Shakti. Shakti ist im Hinduismus die weibliche Entsprechung von Trimurti, der Dreiheit von Brahma, Vishnu und Shiva. Diese Gottheit beinhaltet alle Aspekte Gottes (Schöpfer, Erhalter und Zerstörer). Shakti, als weibliche Entsprechung von Trimurti, trägt ebenfalls alle drei Aspekte Gottes in sich und ist ihr aktiver Gegenpart, der uns auf unserem Weg zu unserem göttlichen Ursprung begleitet und uns hilft, alle Hindernisse zu überwinden. Allerdings kann sie erst dann in uns wirksam werden, wenn die Kundalini bereits erwacht ist und eine gewisse Stärke erreicht hat. Außerdem muss sie durch bestimmte spirituelle Übungen, Gebete oder das Rezitieren von speziellen Mantras manifestiert werden. Dies ist ein *Widerspruch zum Tantra*, wo Shakti mit Kundalini gleichgesetzt und als schöpferische Kraft angesehen wird. Die Praxis des Kundalini-Yoga zeigt jedoch, dass die erweckte göttliche Kraft zerstörerisch sein kann und nicht automatisch eine höhere Instanz vorhanden ist, die diese kontrolliert und ihr gegebenenfalls Einhalt gebietet. Dies ist erst dann der Fall, wenn Shakti durch gezielte Übungen in der Kundalini manifestiert wurde. Dann schützt diese den Eingeweihten vor den Auswirkungen der Kundalini und passt sein Nervensystem an deren unbändige Kraft an.

Die Intensität der Kundalini, die erforderlich ist, um Shakti zu manifestieren, beträgt ein Zehntel des Wertes, bei dem Yogis ihre Kundalini üblicherweise fixieren. Verzichtet man auf diese Begrenzung oder intensiviert die Kundalini absichtlich durch entsprechendes Training, so tritt die Kundalini direkt aus der Sushumna aus, sobald ihre Intensität das sechsfache der genannten Begrenzung übersteigt. Sie durchflutet dann, wie bereits beschrieben, den gesamten Körper unter Umgehung der Nadis. Steigt die Intensität der Kundalini noch mehr an, kommt es im weiteren Verlauf stufenweise zu Verschmelzungsprozessen, an deren Ende die Vereinigung von Shakti und Kundalini steht – es bildet sich Kundalini-Shakti. Von jetzt an kontrolliert Shakti die Kundalini, die zu einer bewussten göttlichen Kraft mit einem eigenständigen Bewusstsein wird, die den Eingeweihten ans Licht geleitet und alle Hindernisse auf diesem Weg beseitigt. Die Intensität der Kundalini beträgt in diesem Stadium jedoch das Fünfundzwanzigfache der Begrenzung der Yogis und wird kaum noch von einem normalen Nervensystem verkraftet.

Steigt die Kundalini-Intensität noch weiter an, ist es möglich, dass sich eine Gottheit, wie Kali, Lakshmi oder Sarasvati, in der Kundalini manifestiert. Hierbei verbindet sich ein göttlicher Funke dieser Gottheit mit der Kundalini des Eingeweihten und verschmilzt mit ihr. Für ihn bedeutet dies die ununterbrochene Präsenz dieser Gottheit in seinem Innersten. Die hierzu erforderliche Intensität der Kundalini beträgt dann jedoch bis zum Hundertfachen der von den meisten Yogis installierten Begrenzung.

g) Endgültige Verschmelzung

All diese Verschmelzungsprozesse münden letztendlich in die endgültige Verschmelzung – dem Einssein mit Atma, unserem wahren Selbst. Dieser Zustand – Nirvikalpa Samadhi, im Westen auch als Erleuchtung bezeichnet – endet nie und besteht gleichzeitig zu den sich verändernden Bewusstseinszuständen Wachen, Träumen und Schlafen. Der verwirklichte Mensch, der diesen erhabenen Zustand erlangt hat, ruht für immer im eigenen Selbst (Atma). Aus tantrischer Sicht bedeutet genau dies die Umkehrung der Schöpfung und die Rückkehr zu Brahman, dem göttlichen Urgrund, denn letztendlich sind Atma, das eigene Selbst, und Brahman, das unmanifestierte Göttliche, aus dem die Schöpfung entstanden ist, eins. Dort existiert kein Raum, keine Zeit, nur ewiges Jetzt – unendliche Glückseligkeit.

3. Hindernisse auf dem spirituellen Weg

a) Spiritueller Missbrauch

Spiritueller Missbrauch ist ein leidiges Thema, das in Yoga- und Tantra-Kreisen gerne verschwiegen wird. Wer Fähigkeiten besitzt, ist oftmals auch versucht, diese zu missbrauchen. Das kann bereits bei Kleinigkeiten beginnen, bei denen einem nicht bewusst ist, dass man Grenzen überschreitet, etwa indem man einem kranken Freund eine Fernbehandlung zukommen lässt, ohne sich vorher dessen Einverständnis einzuholen. Da hierbei in den freien Willen eines anderen Menschen eingegriffen wird, stellt dies bereits einen Missbrauch dar, auch wenn die Motivation, dem anderen zu helfen, auf den ersten Blick positiv erscheint. Genau dasselbe passiert, wenn geistige Wesen in unsere Entwicklung eingreifen, ohne uns vorher zu fragen, ob wir das möchten (was mediale Fähigkeiten unsererseits voraussetzen würde). Diese besitzen teilweise ein völlig anderes Verständnis von Spiritualität und kennen unsere alltäglichen Probleme und Widrigkeiten nicht, die uns im Leben begegnen. Unsere spirituelle Entwicklung stellt einen Aspekt unseres Lebens dar, in der materiellen Welt zu bestehen, einen anderen. Wesen, die selbst nie auf der Erde waren, die keine Emotionen wie wir kennen (wie die Engel) und die niemals um das Überleben kämpfen mussten, besitzen kein Verständnis für berufliche Schwierigkeiten, zwischenmenschliche Probleme und gesundheitliche Störungen, die uns das Leben sehr erschweren können. Sie sehen nur unseren spirituellen Körper und haben daher auch nur unsere spirituelle Entwicklung im Auge. Ihre Ratschläge, die sie über Medien kundtun, sind oftmals abgehoben und bringen keinen praktischen Nutzen. Wesentlich dramatischer sind Eingriffe, bei denen sie bei Personen, die sich auf ihre Schulung einlassen, den spirituellen Körper manipulieren, um deren Entwicklung voranzutreiben, ohne jede Rücksicht auf etwaige Schwierigkeiten, die sich daraus in gesundheitlicher oder sozialer Hinsicht ergeben könnten. Hierzu ein Beispiel:

Fall 1
Bei einer Frau, Mitte fünfzig, erwacht nach mehreren Jahren sehr intensiver Zen-Meditation die Kundalini ganz spontan und völlig unvorbereitet mitten in der Nacht. Daraufhin hat sie fast ein Jahr lang das Gefühl, ihr Körper stehe in Flammen, was sie als sehr schmerzhaft empfindet. Mit kalten Duschen versucht sie, sich Linderung zu verschaffen. Danach lässt die brennende Hitze nach, dafür steht ihr ganzer Körper unter einer permanenten Vibration, die manchmal stärker, manchmal schwächer ist, zeitweise auch ganz verschwindet.

Dieser Zustand hält etwa zehn Jahre lang an. Er wird abgelöst durch eine fünfjährige Phase, in der ein starker Energiestrom durch ihren Körper fließt. Anfangs staut sich diese Energie aber an einer Brücke im Mund, wo sie offensichtlich blockiert wird. Der Schmerz an dieser Stelle ist so enorm, dass sie ihn irgendwann nicht mehr aushalten kann. In ihrer Not lässt sie die Brücke entfernen und die beteiligten Zähne ziehen. Die Energie, die jetzt nicht mehr blockiert wird, bewegt sich nun explosionsartig wie ein ausbrechender Vulkan durch ihren Körper, was sie als elektrischen Strom wahrnimmt, der durch den ganzen Körper und vor allem durch den Kopf fließt. Sie kann die extreme Wucht dieser Energie und die dadurch ausgelösten Schmerzen nicht mehr aushalten und lässt sich als Notfall in das nächste Krankenhaus einweisen. Die behandelnden Ärzte können aber nichts feststellen. Eine anschließende Kieferoperation zur Beseitigung von Bakterien bringt ebenfalls keine Linderung.

Danach manifestiert sich ein Gebilde in ihrem Kopf, das sich anfühlt wie ein aus mehreren Schichten bestehendes Gestell, das nicht nur ihren ganzen Kopf durchdringt, sondern diesen auch überragt und sich außerhalb des Kopfes fortsetzt. Dass sie dieses Gebilde aus der Vorstellung heraus, es müsse irgendetwas in ihrem Kopf sein, das für die Beschwerden verantwortlich ist, mit Hilfe ihrer unkontrollierten Fähigkeit zur Materialisation selbst erschaffen hat, ist ihr nicht bewusst. Die Energie, die nun ihren Körper durchflutet, löst dieses Gestell in einem extrem schmerzvollen Prozess Schicht für Schicht allmählich auf. Während dieses Prozesses, der vier Jahre später, als sie zu mir in die Praxis kommt, immer noch anhält, treten Phasen von nicht auszuhaltenden Schmerzen auf, während eine bestimmte Schicht aufgelöst wird. Danach beruhigt sich das Ganze, bis die nächste Schicht an der Reihe ist. Mittlerweile sind fünfzehn Jahre seit dem Erwachen der Kundalini vergangen, und die Betroffene ist immer noch nicht in der Lage, ihre berufliche Tätigkeit auszuüben.

Nach zwei Behandlungen im Abstand von einem Monat, bei denen ich die Sushumna reinige und die Struktur in ihrem Kopf weiter auflöse, geht es ihr etwas besser. Da sie weit entfernt wohnt, sehe ich sie erst zwei Monate später wieder. Ich finde sie in einem verzweifelten Zustand. Die Symptome haben sich verschlechtert, und ihre Kundalini hat sich um das Zehnfache verstärkt, was ihr Körper nicht aushält. Es stellt sich heraus, dass sie Mitglied einer spirituellen Gruppe ist, die sich einmal im Monat zu einer Channeling-Sitzung trifft. Eines der Geistwesen, das sich durch das Medium kundtat, hat die Kundalini intensiviert, offensichtlich in der Meinung, dies sei für den spirituellen Weg seines „Schützlings" förderlich. Jedoch geschah dieser Eingriff ohne das Wissen und ohne das Einverständnis der Betroffenen, deren Leiden dadurch vergrößert wurde.

Eine andere Variante ist spiritueller Missbrauch, der unbewusst geschieht und bei dem sich die eigenen Fähigkeiten verselbstständigen.

Dies geschieht, wenn wir keine Kenntnis davon haben und daher auch von niemandem darin ausgebildet wurden, diese zu kontrollieren. Dann besteht die Gefahr, dass unbewusste Wünsche Gestalt annehmen und sich materiell verwirklichen. Im harmlosen Fall kommt es zu paranormalen Phänomenen wie dem plötzlichen Verschwinden von Gegenständen, die dann an anderen Stellen unverhofft wieder auftauchen, teilweise Hunderte von Kilometern entfernt. Weitaus tückischer ist es, wenn sich negative Emotionen, wie etwa Hass, auf diese Weise verwirklichen und anderen tatsächlich Schaden zufügen. Man wünscht jemandem „die Pest an den Hals", ohne auch nur zu ahnen, dass man die Krankheiten seines Widersachers selbst verursacht. Diese Fähigkeiten können sich auch gegen einen selbst richten, beispielsweise wenn man krank und bedauernswert erscheinen möchte, um dadurch Zuwendung von anderen zu erpressen. Ohne es zu wissen, erzeugt man dann tatsächlich die Krankheiten, die man sich in der Fantasie ausmalt. Der Wunsch, Aufmerksamkeit zu erlangen, kann aber auch andere Wege gehen, wie das nachfolgende Beispiel zeigt:

Fall 2
Eine 87-jährige Dame fürchtet sich in ihrer Wohnung aufgrund angeblicher Poltergeist-Phänomene. Sie behauptet, das Licht gehe wie von Geisterhand an und aus, Gegenstände verschwänden einfach und man höre Klopfgeräusche. Die Betreuerin bleibt daraufhin bis nachts um 2 Uhr bei ihr und sprüht auf Anraten ihrer Heilpraktikerin in der gesamten Wohnung Weihrauch-Spray. Daraufhin fällt sofort der Strom aus, und ein Bild fällt ohne jede Berührung von der Wand.
   Bei der Untersuchung in meiner Praxis stellt sich heraus, dass die Dame diese Phänomene selbst hervorruft. Sie ist, ohne es zu wissen, in der Lage zu materialisieren. Da sie diese Fähigkeit nicht bewusst steuert, kommt es zu unkontrollierten Materialisationen, die sich bei ihr als die beschriebenen Poltergeist-Phänomene äußern. Nach Abschalten ihrer Fähigkeit treten diese nicht mehr auf.

Die gezielte Manipulation anderer mit Hilfe von spirituellen Kräften ist die gefährlichste Form von Missbrauch. Hierbei werden die eigenen egoistischen Ziele gewaltsam durchgesetzt, wobei der freie Wille eines anderen keinerlei Beachtung findet. Bei der bösartigen Variante, wie sie im Voodoo üblich ist, werden spirituelle Kräfte auch dazu verwendet, um anderen gezielt zu schaden. Hierbei spielt häufig die Materialisation eine wichtige Rolle, eine angeborene Fähigkeit, die sehr selten ist. Der Körper dieser Menschen ist in der Lage, Ektoplasma zu produzieren, eine feinstoffliche Substanz, etwas gröber als das „Chi", das durch die Akupunktur-Meridiane unseres Körpers strömt. Ektoplasma ist eine Art feinstoffliche Knetmasse, die sich von unserem Bewusstsein nach Belieben verändern lässt. Nicht nur jede feinstoffliche Schwingung lässt sich daraus herstellen, auch stoffliche Materialisationen sind damit möglich. In Brasilien habe ich selbst erlebt, wie ein Heiler negative Schwingungen seines Patienten in seinen Körper aufnahm und in seinem Mund in Materie umwandelte, um sie dann in Form von Rasierklingen und Nägeln auszuspucken. Außerdem gelang es ihm, seine eigenen Gallensteine „aufzulösen". Sie waren anschließend auf dem Röntgenbild nicht mehr zu sehen.

Ektoplasma ist eine neutrale Substanz, die sich sowohl für positive Zwecke (etwa um andere Menschen zu heilen) als auch für schwarzmagische Zwecke einsetzen lässt. Allein die Ethik dessen, der diese Fähigkeit besitzt, bestimmt, was er damit anstellt – möglich ist alles. Bei den vielen Fällen von spirituellem Missbrauch, die ich in meiner Praxis behandelt habe, war fast immer Materialisation im Spiel. Andere Methoden sind nicht annähernd so effektiv, um derart heftige Manipulationen hervorzurufen. Hierzu ein Beispiel:

Fall 3
Ein 33-jähriger Mann klagt, dass er von einer Dame auf die Entfernung „belästigt" werde. Diese scheine nicht akzeptieren zu können, dass er keine Beziehung mehr mit ihr wolle. Sie verfolge ihn geistig,

wie er behauptet, beeinflusse gezielt seine Gefühle, belästige ihn im Schlaf und würde sogar seine Träume manipulieren. Da er anfangs etwas für sie empfunden habe, hätte er sich auf eine telepathische Verbindung mit ihr eingelassen und dabei viel darüber gelernt, wie man auf diese Weise kommunizieren könne. Jetzt bekäme sie permanent seine Gedanken mit und könne entsprechend reagieren. Es käme ihm vor, als ob sie immer wisse, was er gerade tue. Sie drohe ihm damit, sein Leben zur Hölle zu machen, wenn er nicht mehr mit ihr gehen würde. Er sei völlig hilflos und wisse nicht, wie er sich schützen könne.

In der Aura fällt ein extrem starker „Arka-Faden" auf, was für einen alleinstehenden Menschen, der keine Beziehung hat, sehr ungewöhnlich ist. Hierbei handelt es sich um eine in der Aura sichtbare energetische Verbindung zwischen zwei Menschen, die sich einander verbunden fühlen. Diese tritt in einer solchen Größe normalerweise nur in Partnerschaften und zwischen Eltern und Kindern auf. Um zu verhindern, dass über diesen Arka-Faden weiterhin Gefühle übertragen werden, durchtrenne ich ihn, was sich als sehr schwierig erweist, da er ungewöhnlich stabil ist. Dies ist typisch für Arka-Fäden, die künstlich durch Missbrauch spiritueller Kräfte erzeugt werden. Offensichtlich ist die Dame, auf die er sich eingelassen hat, in der Lage, zu materialisieren. Dies erklärt auch das extreme Ausmaß ihrer Manipulation. Allein durch die Kraft der Gedanken ist so etwas nicht möglich.

Eine weitere schwarzmagische Methode ist der gezielte Missbrauch von Menschen, die in der Lage sind, Ektoplasma zu produzieren. Mit Hilfe von dunklen Geistern und Dämonen wird das Ektoplasma des Betroffenen manipuliert, ohne dass dieser etwas davon mitbekommt. Er leidet lediglich an kurzfristigen Erschöpfungszuständen, da die Produktion von Ektoplasma enorme Kraft kostet. Opfer solcher Praktiken können auch Touristen werden, die bei Rundreisen in Ländern wie der Dominikanischen Republik oder Haiti die Praxis eines Voodoo-Meisters besuchen, was als besondere Touristen-Attraktion von vielen Reiseveranstaltern angeboten wird. Manche dieser Voodoo-Meister können selbst nicht materialisieren und besitzen lediglich mediale Fähigkeiten, mit deren Hilfe sie mit Geistern kommunizieren. Für ihre Heilungssitzungen und sonstigen Dienstleistungen, bei denen sie gegen ein entsprechendes Honorar auch anderen Schaden zufügen, werden unschuldige Dritte missbraucht, wobei die Entfernung keine Rolle spielt, wenn der Kontakt erst einmal hergestellt ist. Nachfolgend das Beispiel einer jungen Frau, die ungewollt Opfer eines Voodoo-Meisters wurde:

Fall 4
Eine 20-jährige Frau lebt für ein halbes Jahr auf Haiti und verliebt sich dort in einen Einheimischen. Mit ihm lässt sie sich auf eine Beziehung ein, die aber nicht lange hält. Danach wird sie sehr krank, kein Arzt kann ihr helfen. Eine haitische Freundin meint, es handele sich in Wirklichkeit um Voodoo.

Sie kehrt wieder nach Deutschland zurück, reist aber ein Jahr später erneut nach Haiti und trifft dort die frühere Geliebte ihres Ex-Freundes, die ein Kind von ihm hat. Diese versucht sofort, Geld von ihr zu erpressen. Als sie sich weigert, ihr welches zu geben, greift diese sie körperlich an, versucht sie zu erwürgen und schreit: „Ich bringe Dich um!" Es gelingt ihr nicht, sich aus dem Würgegriff zu befreien. In Todesangst schreit sie um Hilfe und hat Glück, dass Umstehende eingreifen und ihr das Leben retten. Einige Zeit später bekommt sie einen Hautausschlag am Bein, der immer größer wird und sich als therapieresistent erweist. Der dortige Arzt steht vor einem Rätsel. Der Arzt in Deutschland, den sie nach ihrer Rückkehr aufsucht, verordnet ihr eine Cortison-Salbe. Die Hautausschläge verschwinden zwar, aber sie bekommt stattdessen eine schmerzhafte Entzündung im Intimbereich, die zwei Monate lang anhält. Danach plagen sie grauenhafte Albträume, in denen ein dunkelhäutiger

Mann mit milchigen Augen vor ihr steht und ihr mitteilt, er würde sie umbringen. Er berührt sie im Traum an verschiedenen Körperstellen, was bei ihr jedes Mal heftigste Schmerzen auslöst, so dass sie im Schlaf laut wimmert. Am Schluss fasst er an ihr Herz, und sie erwacht mit furchtbaren Schmerzen im Herzbereich, die in den linken Arm ausstrahlen. Sie bekommt sofort Panik, da sowohl ihr Vater als auch ihr Großvater an einem Herzinfarkt verstorben sind. Die Träume wiederholen sich einige Male, dann träumt sie, dass sie vor dem immer gleichen Verfolger in das Zimmer ihres Freundes flüchtet. Dort verwandelt sich dieser in einen weißen Mann mit schwarzen Augen und lacht sie bösartig aus. Eine Woche später erwacht sie mitten in der Nacht durch das Wimmern ihres Freundes, der genau denselben Traum hat und sich in Schmerzen windet.

Ihre Heilpraktikerin, die sie in ihrer Not aufsucht, schickt sie sofort zu mir. Bei der Untersuchung ihres spirituellen Körpers finde ich etwas „Lebendiges", das ihr im Bereich ihres Herzens eingepflanzt worden ist. Als ich die Spuren zu demjenigen zurückverfolge, der ihr das angetan hat, stoße ich auf einen Voodoo-Meister, der in der oben beschriebenen Weise seine Fähigkeiten missbraucht. Nach der Unterbrechung des schwarzmagischen Einflusses und Entfernung des Wesens in ihrem Herzbereich fühlt sich die Patientin wie befreit, und die Albträume treten in der Folgezeit nicht mehr auf.

Eine andere Form spirituellen Missbrauchs wird im Rahmen der Sexualmagie des roten, linkshändigen *Kalachakra-Tantra* praktiziert. Die geheimen Riten, bei denen Sexualität in weltliche und spirituelle Macht transformiert wird, sollen eine schnelle Entwicklung des Praktizierenden bis zur Erleuchtung in einem einzigen Leben ermöglichen. Hierbei werden Frauen missbraucht, indem ihre Kundalini gewaltsam geweckt und – durch sexuelle Energie zusätzlich verstärkt – dem männlichen Tantriker als Energie zugeführt wird. Die Frauen selbst sind nur 'Material' auf dem direkten Weg in die Erleuchtung und spielen nach Beendigung des Rituals keine Rolle mehr. Das dahinterstehende Mysterium ist die Aufopferung des weiblichen Prinzips unter Manipulation des Eros zur Erlangung universeller Macht. Hierzu ein Beispiel:

Fall 5
Eine 55-jährige Frau lernt über eine Single-Börse im Internet einen Mann kennen. Sie verabredet sich mit diesem in einem Restaurant, wo sie sich zwei Stunden lang unterhalten. Dabei erzählt er ihr, dass er Tantra-Lehrer sei, verschweigt aber, dass er linkshändige Rituale durchführt. Sein „komischer" Blick irritiert sie jedoch ziemlich. Ein weiteres Treffen findet nicht mehr statt. Fünf Monate später erwacht sie gegen Mitternacht, ist völlig aufgedreht und fühlt sich grundlos sexuell erregt. Danach kann sie nicht mehr einschlafen. Die sexuelle Stimulation hält fast fünf Wochen an. Gleichzeitig spürt sie ein permanentes Scheuern in ihrer Vagina, verbunden mit einem ständigen unangenehmen Druck auf der Blase; der gesamte Unterbauch fühlt sich an wie im Schraubstock. Dazu kommen Schauer über den Rücken mit dem Gefühl, als krieche vom unteren Rücken etwas hoch. Im Hintergrund hört sie ständig ein Brummen.

In der Folgezeit versucht sie selbst zu recherchieren, was mit ihr los ist. Sie liest viel, kommt aber zu keinem Ergebnis. In ihrer Not kontaktiert sie eine parapsychologische Beratungsstelle, wo man ihr rät, eine spezielle psychiatrische Klinik aufzusuchen. Sie verbringt dort drei Monate, wird mit Neuroleptika behandelt und bekommt eine Verhaltenstherapie, die ihr so gut wie nichts bringt. Ihr Problem wird schlicht als „Beziehungsfantasie" abgetan, niemand geht auf ihre besonderen Symptome ein. Diese bessern sich in keiner Weise: Im Gegenteil, sie verschlechtern sich zusehends. Ständig fließt eine Energie die Wirbelsäule hoch. Das Brummen wird so extrem, dass sie nur noch mit Musik einschlafen kann. Außerdem hat sie beim Sitzen das Gefühl, ein Schraubstock gehe durch ihre Vagina.

Die unangenehmen Gefühle im Genitalbereich steigern sich bis zu Schmerzen, die ihre Klitoris und den gesamten Bereich um diese herum betreffen.

Auf der Suche nach Hilfe kontaktiert sie verschiedene Heiler und Therapeuten und besucht diverse Kurse. Auf einem Meditationsseminar weist sie jemand darauf hin, dass es sich bei ihr möglicherweise um ein Kundalini-Phänomen handeln könne. Sie beginnt zu recherchieren und stößt auf Unterlagen über linkshändige tantrische Rituale, bei denen die Kundalini bei Frauen gewaltsam „aufgebrochen" wird, um zusammen mit sexueller Stimulation die Ekstase des männlichen Tantrikers, der dieses Ritual durchführt, bis zur absoluten Glückseligkeit zu steigern. Sie bekommt außerdem Kontakt zu anderen misshandelten Frauen und versteht allmählich, was ihr wiederfahren ist. Bereits der einmalige physische Kontakt mit einem linkshändigen Tantriker hat die Durchführung dieses Rituals ermöglicht, sogar auf die Entfernung hin, ohne jede meditative Praxis oder Yoga-Erfahrung ihrerseits.

Aufgrund dessen, was ihr angetan wurde, beginnt sie eine Psychotherapie, die leider keine Erfolge zeitigt. Ihr Zustand verschlechtert sich weiter, die massiven Missbrauchsgefühle im gesamten Genitalbereich, die früher kamen und gingen, spürt sie jetzt ununterbrochen. Auch schmerzt ihre Vagina nunmehr ständig. Sie schläft fast überhaupt nicht mehr und ist deswegen völlig entkräftet, zittrig und leidet unter Schwindel. Ihre Kundalini tobt permanent durch ihren Rücken, aber auch im gesamten Bauchraum und im Rippenbereich. Sie hat das Gefühl, als würde sie aufgedehnt oder aufgeblasen, was möglicherweise tatsächlich der Fall ist, da die Unterwäsche mittlerweile spannt. Als sie meine Praxis aufsucht, hat sie eine dreieinhalbjährige Odyssee hinter sich.

Bei der Untersuchung ihres spirituellen Körpers finde ich massive Einwirkungen von außen sowie ein feinstoffliches Implantat, das jederzeit Zugriffe auf der spirituellen Ebene ermöglicht. Die Kundalini ist zwar wach, aber sie stellt nicht das Hauptproblem dar. Dieses besteht in der extremen Manipulation aus der spirituellen Welt, die ganz offensichtlich nicht nur durch ein menschliches Wesen bewerkstelligt wurde, sondern auch durch dunkle Wesenheiten, wie das sonst nur vom Voodoo her bekannt ist.

b) Spirituelle Attacken

Spirituelle Attacken sind Angriffe aus der spirituellen Welt, die das Ziel haben, das Opfer von seinem Weg abzubringen und durch Leid an die vergängliche materielle Welt zu binden. Dies gelingt durch Verstärkung von Anhaftung, die nach den Lehren des Yoga die Ursache allen Leidens darstellt.

Die Attacken wirken sich meist auf eine ganz spezielle Emotion aus, die plötzlich und ohne jeden äußeren Anlass in den Vordergrund tritt und teilweise vollkommen untypisch für den Betroffenen ist. Dies ist auch für Dritte augenfällig, etwa wenn sich ein sonst friedliebender Mensch vollkommen aggressiv verhält oder einen scharfen Kommandoton an den Tag legt, den man von ihm nicht kennt. Aber auch Depressionen, Gefühle von Sinnlosigkeit, schlagartige Erschöpfungszustände ohne objektive Überanstrengung, plötzliche Überempfindlichkeiten gegen Geräusche, Licht oder andere Menschen sowie akustische und optische Halluzinationen können durch eine solche Manipulation von außen verursacht werden. Die negativen Emotionen entsprechen interessanterweise den achtunddreißig negativen Gemütszuständen, die Dr. Edward Bach gefunden hat. Sie können daher über die Indikationen der Bach-Blüten und mit Hilfe von sensitiven Tests auf den von mir gefundenen Bach-Blüten-Hautzonen verifiziert werden. Gelegentlich treten auch Schmerzen in den entsprechenden Zonen oder den mit den Bach-Blüten korrespondierenden Akupunktur-Meridianen auf.

Hier eine Liste von Symptomen, die wir in unserer Praxis beobachten konnten:

- Empfindung, man sei nicht mehr man selbst
- ständige Benommenheit
- Gefühl von Verwirrung
- Halluzinationen, Gegenstände erscheinen verzerrt
- eigenartiges, fremdartiges Körpergefühl
- Eindruck, jemand anderes schaue durch seine Augen
- Vermeidung, anderen in die Augen zu schauen, ohne zu wissen warum
- plötzliche intensive Emotionen, die einem fremd sind
- bekannte Emotionen treten enorm verstärkt auf, als ob sie in irgendwelcher Weise gepuscht würden
- permanentes Denken an Dinge, an die man gar nicht denken möchte, als ob die Gedanken aufgezwungen würden
- innere Bilder, vor denen man sich fürchtet oder die man in der augenblicklichen Situation nicht möchte (z.b. sexuelle Themen)
- sexuelle Gefühle, die ohne äußeren Anlass auftreten, als ob man von außen stimuliert würde
- Hören einer inneren Stimme, die einen selbst beleidigt; man erlebt innere Beschimpfungen, hört unflätige Worte oder Befehle, die einen zwingen sollen, etwas Bestimmtes zu tun
- komischer Geschmack im Mund (meist widerlich oder metallisch)
- schlagartige Schwächezustände – die Kraft ist von einem Moment auf den anderen weg
- Schwindelgefühle
- plötzliche Verkrampfung von Muskeln, teilweise fast spastisch, als ob jemand anderes agieren würde
- unwillkürliche Körperbewegungen
- plötzliche Lähmungserscheinungen – man kann z.b. seine Beine nicht mehr bewegen

- schlagartige Veränderung der eigenen Gesichtszüge, was in Einzelfällen sogar für Dritte sichtbar ist (z.b. ein starrer, wirrer Blick)
- Schmerzen im ganzen Körper

Betroffen von derartigen Attacken sind hauptsächlich Menschen mit besonderen Fähigkeiten (z.b. mit medialen oder heilerischen Anlagen, Fähigkeit zur Materialisation), fortgeschrittene Yoga-Praktizierende und Individuen, bei denen die Kundalini erwacht ist. Ziel der Attacken ist es, zu verhindern, dass diese Personen ins Licht gelangen oder anderen Menschen auf ihrem Weg ins Licht behilflich sind. In Yoga-Kreisen werden diese Erscheinungen meist als Reinigungsphasen abgetan, der wirkliche Sachverhalt wird nicht erkannt oder auch verdrängt. Man möchte sich nicht mit dunklen Kräften oder gar Dämonen auseinandersetzen, da man befürchtet, dass dies den guten Ruf der eigenen Schule schädigen könne, zumal derartige Themen im Westen seit der Aufklärung als suspekt gelten. Im Osten sieht man es dagegen anders. Die dortigen heiligen Schriften sind voll von Berichten über Kämpfe von Yogis, Meistern und Avataren gegen dunkle Kräfte. Am bekanntesten ist der Krieg von Rama, der siebten Inkarnation Vishnus, gegen den Dämon Ravana.

Häufig wird durch solche Attacken die Meditation blockiert, denn die Betroffenen können nicht mehr wie gewohnt meditieren oder empfinden die Meditation als schmerzhaft – als ob sich irgendetwas in ihnen dagegen wehren würde. Sie fühlen sich nach oben hin wie abgeschnitten und bekommen keinen Kontakt mehr zu der von ihnen verehrten Gottheit. Teilweise steigt auch die Kundalini nicht mehr auf oder lässt sich nicht mehr aktivieren.

Fall 1

Ein 46-jähriger Mann besucht eine Veranstaltung eines indischen Meisters, der sich auf Deutschland-Tournee befindet. Wie alle anderen Teilnehmer erhält auch er *Shaktipat*, eine Übertragung der spirituellen Kraft des Meisters auf den Schüler. Vier Wochen später hat er einen schlimmen Traum, der davon handelt, dass mit ihm irgendetwas nicht stimme und keiner dies merke. Außerdem bleibt ihm im Traum die Luft weg, und er hat Angst zu ersticken. Nach dem Erwachen leidet er unter heftigem Schüttelfrost und unter Kopfschmerzen. Seine Heilpraktikerin schickt ihn sofort zu mir, da sie einen Zusammenhang mit der *Shaktipat*-Einweihung vermutet.

Bei der Untersuchung stelle ich fest, dass seine Kundalini im falschen Kanal erwacht ist und in *Ida*, dem kalten Kanal auf der linken Seite der Wirbelsäule, tobt. Ich aktiviere *Pingala*, den heißen Kanal auf der rechten Seite, um einen Ausgleich zu schaffen. Dies funktioniert aber nur kurzfristig, dann oszilliert sein Zustand, indem die Kundalini abwechselnd den kalten und den heißen Kanal aufsteigt, wodurch sich Phasen extremer Kälte und heftigem Schüttelfrost mit Phasen extremer Hitze abwechseln, bei denen der Kopf hochrot anläuft wie bei Bluthochdruck. Da sich dieser Zustand immer bedrohlicher aufschaukelt, leite ich die Kundalini in die zuvor gereinigte Sushumna um, wodurch sich die Situation schlagartig beruhigt.

Zwei Wochen später kommt der Mann wieder zu mir in die Praxis, weil er das Gefühl hat, im Nacken laufe ständig irgendetwas hoch. In seiner Brust kribbelt es fortlaufend. Eine Untersuchung der Sushumna ergibt, dass das Innere des Kanals in Höhe der ersten Brustwirbel rau ist und die Kundalini an dieser Stelle einen Strudel bildet. Nach der „Reparatur" sind die beschriebenen Symptome weg. Drei Monate später klagt er über einen Druck im Nacken und im Hinterkopf. Die erneute Stabilisierung der Sushumna hält neun Monate an, danach muss die Therapie wiederholt werden. Hinterher treten diese Symptome nicht wieder auf.

Die spirituellen Attacken beginnen ein halbes Jahr später. Ihn befällt schlagartig eine Untergangsstimmung, ohne jeden äußeren Anlass. Gleichzeitig hat er gesundheitliche Probleme im Bauchbereich, die in ihm die Angst schürt, er habe Krebs. Nachts hat er Träume, dass irgendetwas in ihn eintrete. Eine Untersuchung seines spirituellen Körpers ergibt, dass dies den Tatsachen entspricht und zwei Wesenheiten von ihm Besitz ergriffen haben. Die eine schürt Bedrohtheitsgefühle und erzeugt eine apokalyptische Stimmung, die andere lässt ihn nicht zur Ruhe kommen, so dass er seine Tiefpunkte übergeht. Die Folge sind Verkrampfungen im Oberbauch. Nach Beseitigung der beiden Besetzer sind sämtliche Symptome auf einen Schlag weg.

Zwei Monate später hat er einen Traum, in dem er sich wehren muss. Danach beginnt er sich zu verändern. Vieles bekommt ohne ersichtlichen Anlass einen anderen Stellenwert, und Dinge, die ihm vorher etwas bedeutet haben, sind ihm plötzlich nicht mehr wichtig. Er hat das Gefühl, nicht mehr er selber zu sein. Nach Entfernung dieser Attacke ist er von einem Moment auf den anderen wieder er selbst.

Weitere drei Monate später hat er neue Probleme. Sobald er sich in einem Raum mit anderen Menschen aufhält, treten bei ihm heftige Kopfschmerzen auf, die er bislang nicht gekannt hat. Auch diesmal handelt es sich um eine spirituelle Attacke, und wiederum lassen sich die Beschwerden durch Entfernung des Besetzers[30] beseitigen.

Fall 2
Eine 36-jährige Frau erlebt seltsame Albträume, durch die sie zu erkennen glaubt, dass in ihr etwas sei, das nicht zu ihr gehöre. Zur gleichen Zeit beginnt ein permanentes Druckgefühl im Hals, das sie zwei Monate lang quält. Nach Entfernung des Besetzers ist der Druck im Hals sofort weg, die Albträume treten in der Folgezeit nicht mehr auf.

Eine weitere Attacke erfolgt acht Monate später, die nächste eineinhalb Jahre danach. Darauf folgen drei Attacken jeweils im Abstand von vier Monaten, alle mit unterschiedlichen Symptomen.

---

30 Im Spiritismus übliche Bezeichnung für Wesenheiten, die von anderen Besitz ergreifen, unabhängig davon, um welche Art von Dämonen es sich dabei handelt.

Dreieinhalb Jahre nach den ersten Albträumen bekommt sie wieder welche. Sie möchte aufwachen, kann sich aber nicht mehr bewegen. Wie beim ersten Mal tritt auch hier ein Druckgefühl im Kehlkopf auf. Außerdem hat sie Schmerzen in der rechten Schulter, die in den Oberarm ausstrahlen. Auch dieses Mal sind die körperlichen Beschwerden unmittelbar nach der Therapie der spirituellen Attacke verschwunden, und die Albträume bleiben aus.

Dreizehn Monate später treten sie wieder auf, verbunden mit dem üblichen Druckgefühl auf dem Kehlkopf. Ihre Stimme ist heiser, es fällt ihr schwer zu singen, was für sie als Musikerin eine Katastrophe bedeutet, und sie hat einen Hautausschlag auf dem rechten Augenlid. Wie die anderen Male, verschwinden sämtliche körperlichen Symptome nach der Behandlung.

Fall 3

Eine 41-jährige Frau leidet plötzlich unter schrecklichen Albträumen, die sich jede Nacht wiederholen. Meist handelt es sich dabei um Kriegsszenen (z.b. plötzlich einfallende Guerilla-Truppen, die wild um sich schießen). Sie schläft in der Zeit sehr schlecht ein, erwacht mehrmals in der Nacht und wacht morgens mit Ohrensummen und Druck auf den Ohren auf. Tagsüber plagt sie eine erschöpfte Unruhe, die sie sonst nicht kennt. Sie fühlt sich sehr seltsam, und ihre eigene Stimme kommt ihr fremd vor.

Nach Entfernung des Besetzers fühlt sie sich sofort anders, und ihre Stimme erlebt sie wieder als ihre eigene.

Fall 4

Ein 49-jähriger Mann fühlt sich von einem Tag auf den anderen sehr müde und benommen, als ob sein Kopf von einer Wolke eingehüllt wäre. Er sagt, er sei desorientiert, empfinde keinen Kontakt mehr mit der Außenwelt, weder zu anderen Menschen noch zu seiner Arbeit, und er verspüre keinerlei Veranlassung, irgendetwas zu tun. Er fühle sich isoliert, als befände er sich in einer Art Nirgendwo. Für ihn sei dieser Zustand vollkommen unerklärlich, da er sich in den letzten Wochen sehr stark und kraftvoll gefühlt habe, voller Pläne für die Zukunft und fest verankert in der Welt. Seine jetzige Empfindung sei nun das genaue Gegenteil.

Nach der Therapie der spirituellen Attacke sind alle Symptome sofort verschwunden, er fühlt sich leichter, heller, offen und positiv.

Fall 5
Eine 40-jähre Frau erwacht nachts zwei Mal hintereinander aus furchtbaren Albträumen. Einige Tage später bekommt sie schreckliche Kopfschmerzen, wie sie sie bisher nicht kannte. Diese sind begleitet von dem Gefühl, sie sei nicht sie selbst. Die Untersuchung ihres spirituellen Körpers zeigt, dass es sich um eine Attacke handelt. Die anschließende Therapie beseitigt die Kopfschmerzen sofort, die Albträume wiederholen sich in der Folgezeit nicht mehr.

Fall 6
Eine 50-jährige Heilerin fühlt sich bei der sensitiven Diagnose ihres Patienten plötzlich unwohl und bricht daher sofort ab. Danach ist ihr schwindelig, sie hat Ohrensausen und fühlt sich niedergeschlagen.

Nach der Therapie der spirituellen Attacke, zwei Tage später, sind die Depressionen schlagartig weg, sie fühlt sich insgesamt besser, und der Schwindel löst sich innerhalb der nächsten Stunden auf.

c) Spirituelle Implantate

Kultische Handlungen, religiöse Riten und Einweihungsrituale erzeugen teilweise Implantate auf der spirituellen Ebene, um deren Inhalte dort als Struktur zu fixieren. Dies geschieht einerseits, um die vermittelte Botschaft permanent im Bewusstsein zu verankern (wie z.b. bei der christlichen Taufe), andererseits um Manipulationen im feinstofflichen Körper zu bewirken, die für spirituelle oder heilerische Zwecke genutzt werden können.

So wird beispielsweise bei der ersten Reiki-Einweihung ein Implantat im Wurzel-Chakra versenkt, um dort ein Vakuum zu erzeugen. Hierdurch wird Prana angesaugt, das infolge des Sogs über die Sushumna an deren oberem Ende im Chakra-Stiel des Kronen-Chakras von außen in den Körper eintritt. Dadurch wird der Körper ständig mit Prana übersättigt. Berührt man eine andere Person an einer Körperstelle, an der ein Energiedefizit besteht, fließt das Prana entsprechend des Energiegefälles dorthin. Die „Heilung durch Reiki" basiert auf diesem Mechanismus. In weiteren Einweihungen werden Implantate in der Sushumna gesetzt, um deren Durchmesser zu vergrößern, wodurch mehr Prana fließen kann. Die Wirkung ist entsprechend größer.

Leider werden spirituelle Implantate auch zu Missbrauchszwecken benutzt, um andere Menschen in irgendeiner Form zu manipulieren. Dies stellt einen schweren Eingriff in den freien Willen dar und gehört in die Rubrik „Schwarze Magie". Unglücklicherweise kann es auch durch Ritualfehler zu fehlerhaften Implantaten kommen, die ähnlich destruktiv sein können wie Missbrauchsimplantate.

Spirituelle Implantate können gelegentlich Probleme bereiten. Das geschieht einerseits, wenn sie sich an einer ungünstigen Position befinden und dadurch Irritationen irgendwelcher Art verursachen, andererseits wenn sie schlampig gesetzt sind und dadurch fehlerhaft funktionieren. Bei Reiki-Praktizierenden konnte ich einige Male solche Phänomene beobachten. Sie fühlten sich bei ihren Reiki-Behandlungen nicht wohl oder bekamen in Extremfällen sogar bereits Probleme, wenn sie jemanden körperlich berührten, der ein Energiedefizit besaß, ohne ihn behandeln zu wollen. In einem Fall geschah das allein schon beim Streicheln einer Katze. Die Symptome reichten von plötzlichen Schwächezuständen, teilweise verbunden mit Schwindel, bis hin zu eiskalten Händen und Kälteschauern über den ganzen Körper, direkt nach der Berührung des Menschen. In diesen Fällen waren einige der Reiki-Implantate locker und begannen zu schlackern oder drehten sich um ihre eigene Achse, sobald Prana verstärkt durch die Sushumna floss. Hierdurch entstand ein Strudel, der an dieser Stelle Prana aus dem Körper des Betroffenen abzog, was aufgrund des entstandenen Defizits zu den beschriebenen Symptomen führte.

Diese Probleme lassen sich beseitigen, indem die Implantate durch einen Heiler, der in der Lage ist, zu materialisieren, in ihrer Position fixiert werden. Eine andere Möglichkeit besteht darin, sich durch einen geeigneten Reiki-Meister nachweisen zu lassen.

Fall 1
Eine 43-jährige Frau leidet ihr ganzes Leben unter dem Gefühl, nicht ganz da zu sein. Es fühlt sich an, als ob sie schwebe. Ein Zustand, als befände sie sich in einem Traum. Sämtliche Therapien, die sie im Laufe der Jahre ausprobiert, bleiben ohne Erfolg. Eine hellsichtige Kollegin, die sich gerade in meiner Praxis befindet, sieht bei ihr Querstreifen in der Aura, die flackern wie Bildstörungen bei den ersten Fernsehern.

Da sich die Dame nie mit spirituellen Dingen beschäftigt und auch keinerlei Yoga- oder Meditationsübungen praktiziert hat, kommt keiner ihrer Therapeuten auf die Idee, es könne sich um etwas Spirituelles handeln. Da das Flackern in ihrer Aura den Schluss nahelegt, dass bei ihr eine Energie rumort, die in irgendeiner Weise gestört sein muss, untersuche ich auch Ida und Pingala. Dabei stellt sich heraus, dass beide nicht mehr vorhanden sind, was bedeutet, dass die Kundalini erwacht sein muss. Die Kundalini fließt in der Sushumna allerdings nur bis zum Kreuzbein, nicht weiter. Dort, wo sie gestaut ist, hat die Patientin seit einigen Wochen fürchterliche Schmerzen. Genau an dieser Stelle finde ich das Implantat der christlichen Taufe, das die Sushumna verstopft. Nach dessen Entfernung sind die Schmerzen im Kreuzbein schlagartig verschwunden. Das Flackern in der Aura ist fast weg, und die Patientin fühlt sich wesentlich klarer.

Fall 2
Eine 49-jährige Frau praktiziert seit neun Jahren Yoga. Seither erlebt sie in der Meditation teilweise Energien, die durch ihren Körper fließen und Gefühle von Glückseligkeit auslösen. Vier Jahre nach Beginn ihrer Yoga-Praxis fängt sie mit Yoga-Nidra an, einer Methode aus der tantrischen Tradition, bei der ein Zustand von bewusstem Schlaf herbeigeführt wird. Der Körper befindet sich dabei in einem Schlafzustand, während man bei klarem Bewusstsein ist. Als sie die vierte Stufe übt und sich dabei innerlich vorstellt, sich auszudehnen, verselbstständigt sich ihre Atmung. Sie hat das Gefühl, sie werde beatmet und verliere jede Kontrolle darüber. Diese Erfahrung ist so intensiv, dass sie glaubt, es handele sich um eine Vorbereitung auf den Tod. Gleichzeitig spürt sie eine Kraft im Becken, die sich wie eine Schlange bis zum Herz hochwindet.

Während dieses Erlebnisses bleibt sie ruhig, doch hinterher bekommt sie Angst. Es folgen Wahnvorstellungen, und sie hört Stimmen. Die nächsten drei Monate verbringt sie in einer psychiatrischen Klinik. Es geht ihr danach aber nicht besser, im Gegenteil, ihre Wahnvorstellungen werden schlimmer. Sie glaubt, in ihrem Garten Pflanzen für ihre Angehörigen setzen zu müssen, um diese zu erlösen. Die Stimmen, die sie hört, erlegen ihr Prüfungen auf, die sie un-

bedingt zu bestehen versucht. Dabei hat sie furchtbare Angst zu versagen und ist jedes Mal erleichtert, wenn sie etwas richtig gemacht hat. Sie hat beispielsweise in Gedanken ein Verhältnis zu einem älteren Yoga-Lehrer. Eine „christliche" Stimme sagt ihr, sie solle dieses Verhältnis beenden, was sie dann auch tut. Ferner berichtet sie, sie hätte das Gefühl, irgendwelche „Wesen" wollten in sie eindringen, um zu sehen, wie wir leben. Sie fühlt sich als Objekt, bei dem man das „Leben als Mensch" einmal ausprobieren könne.
Bei der Untersuchung ihres spirituellen Körpers stellt sich heraus, dass ihre Kundalini erwacht ist. Ein Implantat im Dammbereich, direkt oberhalb der Stelle, wo sich das diffuse spirituelle Prana zu Kundalini konzentriert (*Kanda*), vergrößert künstlich den Durchmesser der Sushumna und sorgt dafür, dass die Kundalini eine Intensität besitzt, die von niemand am Anfang verkraftet werden kann. In diesem Zustand extremer körperlicher, seelischer und geistiger Instabilität ist sie sämtlichen Einflüssen aus der spirituellen Ebene schutzlos ausgeliefert. Nach Entfernung dieses Implantats sinkt die Intensität der Kundalini auf ein Fünfzigstel. Dass die Kundalini künstlich erweckt und die Patientin als Versuchsobjekt missbraucht wurde, ist mehr als offensichtlich.

Fall 3
Eine 48-jährige Frau berichtet von ihrem Besuch bei einem indischen Meister drei Jahre zuvor, wo sie unter dessen Anleitung Rituale mit Mantras praktizierte. Dabei sei eine große Hitze von der Gebärmutter aufgestiegen, und ihr sei damals immer heißer geworden, so dass sie Angst bekam, innerlich zu verbrennen. Das Ganze habe sich aber mit der Zeit wieder beruhigt. Inzwischen gehe es ihr aber nicht mehr so gut, sie leide unter Denk- und Lernblockaden sowie diversen Ängsten.
Die Untersuchung ihres spirituellen Körpers zeigt, dass ihre Kundalini nicht erwacht ist. Offensichtlich ist sie damals nur kurzfristig in Pingala, dem heißen Nerv auf der rechten Seite der Wir-

belsäule, aufgestiegen. Es lassen sich jedoch diverse spirituelle Attacken lokalisieren, wobei auch Besetzer in ihren Körper eingedrungen sind. Nach deren Entfernung fühlt sie sich wieder wohl.

Sechs Monate später kommt sie aufgrund erneuter Probleme wieder. Sie hat im Rahmen einer „Shakti-Heilung" eine Massage bekommen, bei der ihr ein Symbol ins Herz „eingebrannt" wurde. Näheres weiß sie nicht, aber sie leidet seither unter einem Brennen in der Brust. Nach Entfernen des Implantats, bei dem es sich um ein Sri Yantra handelt, ist das Brennen verschwunden.

d) Erschwernisse und Prägungen

Nach Patanjali gibt es fünf Erschwernisse (*Kleshas*) auf dem Weg des Yoga. Hierzu zählen: Unwissenheit, Selbstbezogenheit, Gier, Abneigung und Angst.

Unter Unwissenheit versteht Patanjali die Unfähigkeit, zwischen Selbst und „Nicht-Selbst" unterscheiden zu können. Er schreibt: „*Unbeständiges für Beständiges zu halten, Unreines für Reines, Unglückbringendes für Glückbringendes, das wandelbare Selbst für das wahre Selbst, das ist Unwissenheit.*"[31]

Die Identifikation des Menschen mit seiner Persönlichkeit und nicht mit seinem wahren Selbst ist demnach Unwissenheit, aus der Selbstbezogenheit und daraus Gier, Abneigung und Angst entstehen. Diese Unwissenheit kann jedoch nicht durch ein intellektuell erworbenes Wissen beseitigt werden, sondern nur durch das Erfahren des Selbst in der tiefen Meditation. Durch diese Erkenntnis gewinnt Unwichtiges, Nicht-Essenzielles keinerlei Bedeutung mehr im Leben und stiftet dadurch auch keine geistige Unruhe. Daraus resultiert das absolute Eingebundensein in die Welt und in das Leben sowie ein unumstößliches Urvertrauen.

---

31 Dietmar Krämer, Die Weisheit der Yoga-Sutras von Patanjali, Norderstedt 2012, BOD-Books on Demand, S.47

Prägungen aus der Vergangenheit (*Samskaras*) sind weitere Hindernisse auf dem spirituellen Weg, da sie das gerade Erlebte mit dem früher Erlebten verbinden. Hierdurch entsteht eine Vermischung von beidem. Die so gewonnenen Erkenntnisse entsprechen weder den objektiven Fakten noch dem subjektiv Erlebten und führen so zu einer Verzerrung der Wirklichkeit.

4. Verstrickungen durch den spirituellen Weg

a) Anhaftung

Nach den Lehren des Yoga ist Anhaftung die Ursache von allem Leid. Sie entsteht dadurch, dass wir uns nicht mit unserem Selbst identifizieren, sondern mit unserem Körper und seinen Bedürfnissen. Unser Bestreben, diese zu befriedigen, erweckt materielle Wünsche, deren Erfüllung uns als Sinn und Zweck unseres Daseins erscheint. Hierdurch verstricken wir uns immer mehr in die Materie, statt uns auf unser Selbst auszurichten und in der Tiefe unserer Seele wahre Erfüllung zu erleben. Aus der Angst, unsere materiellen Besitztümer zu verlieren, erwächst Leidenschaft und Gier nach mehr. Erhalten wir das Begehrte nicht, entsteht Zorn, der letztendlich in Machtstreben gipfelt, um uns die Objekte unserer Begierde gewaltsam anzueignen. Durch das daraus resultierende egoistische Verhalten schaffen wir Probleme mit unserer Umgebung, was neues Leid verursacht.

Der wichtigste Aspekt des spirituellen Weges des Yoga besteht darin, uns von der Verhaftung mit unseren Wünschen und Begierden zu befreien. Wenn wir jedoch unsere Bedürfnisse verleugnen und deswegen unterdrücken, entsteht die Gefahr, uns noch mehr zu verstricken. Hierdurch erzeugen wir zusätzlich neue Anhaftung, die die ursprüngliche teilweise sogar noch übersteigt. Dies geschieht insbesondere dann, wenn wir grundsätzlich alle materiellen Wünsche negieren, anstatt zwischen unseren wahren Bedürfnissen und vordergründigem Verlangen zu unterscheiden, das aus momentaner

Gier, Geltungssucht oder Konsumzwang resultiert. Jede verstandesmäßige Trennung zwischen „erlaubten" Bedürfnissen (wie z.B. gesundem Essen oder zweckmäßiger Kleidung) und „verderblichem Luxus" birgt diese Gefahr in sich. So geraten wir in die Falle, uns durch ein „gesundes" Leben immer weiter von unserem eigentlichen Ziel zu entfernen. Anstatt Wunschlosigkeit in Bezug auf Dinge zu entwickeln, die wir nicht wirklich benötigen, werden wir immer verhärmter. Statt vor Gesundheit zu strotzen, leiden wir zunehmend an Erkrankungen, die mit Verhärtung zu tun haben. Anstatt in Freiheit zu leben, verlieren wir uns in Dogmatik. Aus dem tiefen Verlangen, unser wahres Selbst zu finden, entsteht so im Yoga oftmals eine Gier nach Erleuchtung.

Im Tantrismus kann auf ähnliche Weise eine Sucht nach Ekstase entstehen. Hierdurch schafft das hemmungslose Ausleben von Bedürfnissen weitere Anhaftung und gebiert dadurch stetig neues Verlangen.

Die Konsequenz, die sich aus der Gier nach Erleuchtung oder der Sucht nach Ekstase ergibt, führt unmerklich zu einer Ego-Fixiertheit, die man eigentlich durch den spirituellen Weg auflösen wollte. Diese wiederum führt zu einer Vernachlässigung von sozialen Kontakten und zum Rückzug aus der Gesellschaft.

b) Rückzug von Freunden

Eine der größten Gefahren auf dem spirituellen Weg besteht in der Anpassung unserer sozialen Kontakte an unsere veränderte Weltanschauung. Da sich alle Gespräche nur noch um das eine große Thema drehen und für banale Alltagsthemen kein Platz mehr in unserem Bewusstsein bleibt, findet man immer weniger Gemeinsamkeiten mit den Menschen aus dem Freundes- und Familienkreis, die einem viele Jahre lang nahestanden. Da meist gleichzeitig die Toleranz für andere Weltanschauungen sinkt, sucht man jetzt Gleichgesinnte, die

die eigenen Ansichten teilen. Dass es dabei nur darum geht, die Bestätigung in dem zu suchen, was wir tun, und kritischen Stimmen aus dem Weg zu gehen, ist uns nicht bewusst, genauso wenig wie die Tatsache, dass wir uns in eine Sackgasse hineinbewegen.

Langfristig führt dies zu einer sozialen Verarmung, trotz der angeblichen „Freunde", die außer den spirituellen Themen keine sonstigen Interessen haben. Wir geraten in eine zunehmende innere Vereinsamung, da die neuen Freunde aus genauso egoistischen Gründen mit uns zusammen sind wie wir mit ihnen. Sie suchen keine wirklichen Freunde, sondern nur Mitstreiter in der gemeinsamen Sache.

Weichen wir von der gemeinsamen Ideologie ab, dann ziehen sie sich von uns wieder zurück, da sie keinen Zweifler in ihrer Mitte dulden, sonst müssten sie sich auch selbst kritisch mit den gemeinsam vertretenen Themen auseinandersetzen. Um das zu vermeiden, haben sie aber ihren alten Freundeskreis verlassen und – genau wie wir – nach Gleichgesinnten gesucht.

c) Rückzug von der Gesellschaft

Eine weitere Gefahr besteht darin, sich in seiner Freizeit nur noch mit spirituellen Themen auseinanderzusetzen. Kulturelle Errungenschaften, wie beispielsweise Literatur und Kunst, erscheinen plötzlich ohne jede Bedeutung. Man hält die Beschäftigung damit für reine Zeitverschwendung und nutzt seine kostbare Zeit nur noch für „Sinnvolles", wie die Lektüre spiritueller Literatur und das Rezitieren mantrischer Gesänge. An banaler Unterhaltungslektüre wie Krimis, Thrillern, Abenteuerromanen oder Liebesgeschichten besteht kein Interesse mehr, dasselbe gilt für Kino, Theater, Konzerte, Kunstausstellungen oder Museen. Abgesehen von den dadurch fehlenden sozialen Kontakten – früher besuchte man diese Veranstaltungen mit Freunden, verlieh sich gegenseitig Bücher und CDs und diskutierte anschließend darüber – kommt es zu einer extremen

Fokussierung auf ein zentrales Thema und damit verbunden zu einer verengten Sichtweise. Diese Fixiertheit erzeugt eine neue Anhaftung, die sich oft in einem spirituellen Leistungsdenken manifestiert. Man will das, was in den verherrlichten Büchern steht, endlich selbst realisieren und setzt sich stark unter Druck. So jagt man beispielsweise spirituellen Fähigkeiten nach, da man der Ansicht ist, diese seien ein Ausdruck jener hohen Entwicklungsstufe, die man gerne erreichen möchte. Oder man forciert spezielle Praktiken, um damit die Kundalini zu erwecken, da man glaubt, diese sei jetzt „dran". Auf diese Weise entsteht ganz allmählich ein regelrechter Fanatismus, während der Kontakt zum normalen Leben immer mehr verloren geht.

Teil 3

Auswege aus der spirituellen Sackgasse

1. Zur Ruhe kommen

a) Die eigene Natürlichkeit wiederfinden

Sich auf dem spirituellen Weg zu verlaufen, ist in Zeiten des Kali-Yuga, des dunklen Zeitalters, nichts Ungewöhnliches. Wie wir bei unserer therapeutischen Arbeit immer wieder beobachten konnten, landen spirituelle Aspiranten häufig in einer Sackgasse, ohne es selbst zu merken. Sie suchen unsere Praxis wegen diverser psychosomatischer Beschwerden auf, ohne zu realisieren, dass deren Ursache in ihrem falsch verstandenen spirituellen Leistungsdruck begründet ist. Obwohl sie vielfach Hinweise und Warnungen von ihre Umgebung bekommen, die einen Zusammenhang zwischen den für jeden offensichtlichen Schwierigkeiten und der spirituellen Praxis sehen, schlagen sie jegliche Ratschläge aus, da sie sich von anderen, die diesen speziellen Weg nicht gehen, unverstanden fühlen.

Andere Aspiranten vermuten zwar einen Zusammenhang zwischen ihren körperlichen und seelischen Problemen und ihrer spirituellen Praxis, anstatt aber ihren eingeschlagenen Weg zu hinterfragen, verfolgen sie diesen nun mit noch stärkerer Verbissenheit, in der Annahme, sich nicht genügend bemüht und deswegen versagt zu haben.

Aus unserer Sicht ist es in dieser scheinbar aussichtslosen Situation hilfreich, zunächst zur eigenen Natur zurückzufinden. Das lässt sich für jeden auf einfache Weise bewerkstelligen, indem man *allein* in die Natur geht, ohne irgendwelche Ablenkung durch Musik, andere Menschen oder Tiere, um so in der Zurückgezogenheit die Schönheit und Kraft der Natur zu bewundern. Dies sollte im stillen Innehalten geschehen, nicht während des Gehens. Es gibt dabei nichts zu tun, die einzige „Aufgabe" besteht im reinen Erleben, staunend wie ein Kind, das zum ersten Mal die Gerüche, Geräusche und Farben wahrnimmt. Jegliche Interpretation und Wertung kommt hierdurch automatisch zum Schweigen. Den Augenblick als „Hier und Jetzt" zu erleben und sich darin geborgen zu fühlen, ist der einfachste Weg, um sich von der stillen Wahrnehmung absorbieren zu lassen.

Dieser rein passive Prozess kann nur im „Innehalten" stattfinden und nicht während körperlicher oder geistiger Aktivität. Man kann ihn nur geschehen lassen und nicht durch irgendwelche Übungen forcieren oder beschleunigen. In dem Moment, in dem jegliche Interpretation und Wertung abgeschaltet ist, befindet man sich auf natürliche Weise im Zustand der reinen Wahrnehmung. Das Erlebte wird nicht mehr interpretiert, und die Gedankenwellen kommen zur Ruhe. Es entsteht ein natürliches Selbstverständnis des Seins, aus dem sich ein deutlich spürbares Geborgenheitsgefühl entwickelt.

Die Wirkung dieser Übung beruht auf dem Mechanismus, durch diese Art des Innehaltens zu einem bedingungslosen Zulassen zu gelangen. Indem man sich der Schönheit und Kraft der Natur ergibt, entsteht eine Verbindung mit dem eigenen Inneren, die die Schranken überwindet, die aus verdrängten Ängsten, unverarbeiteten Verletzungen und anerzogenen Vorstellungen, etwas Frevelhaftes zu tun, indem man sich seinem Innersten und damit auch den dunklen Seiten seiner Persönlichkeit bewusst öffnet, bestehen.

b) Die Natürlichkeit im Umgang mit anderen wiederfinden

Dieses Geborgenheitsgefühl, welches durch das Wiederfinden der eigenen Natürlichkeit entsteht, gilt es im Umgang mit anderen Menschen beizubehalten. Auf diese Weise ist es möglich, dem anderen ohne Vorurteile, ohne Ballast durch das, was früher passiert ist oder was er dir angetan hat, wahrzunehmen und mit ihm in kindlicher Unvoreingenommenheit zu kommunizieren. Am einfachsten gelingt dies bei Fremden, da hier keine Vorgeschichte die unvoreingenommene Wahrnehmung behindert. Hier gibt es noch keine Erwartungen, unerfüllte Wünsche oder Frustrationen aufgrund vergangener Ereignisse. Später ist dies auch bei Personen möglich, bei denen die Beziehung durch unangenehme Vorkommnisse vorbelastet ist.

Auf diese Weise ist das Geborgenheitsgefühl, welches in der Natur wiedergefunden wurde, nun auch im Umgang mit anderen Menschen erlebbar.

c) Natürlichkeit im Umgang mit der Gesellschaft entwickeln

Das Eingebundensein in die Gesellschaft vermittelt ebenfalls ein Geborgenheitsgefühl. Das Problem ist, dass sich viele spirituelle Aspiranten gerade nicht in die Gesellschaft eingebunden fühlen, sich innerlich von ihr distanzieren und daher auch nicht am kulturellen Leben teilnehmen.

Der Grund hierfür liegt in dem Irrglauben, gesellschaftliche und kulturelle Errungenschaften seien ein Hindernis für den spirituellen Weg, weil man sich hierbei zu stark auf weltliche Genüsse einlasse, statt seinen Geist auf das eigentliche Ziel zu fokussieren. Dieser Konflikt lässt sie die Gesellschaft als feindlich erleben, weshalb sie sich von ihr zurückziehen. Es ist jedoch unmöglich, inneren Frieden zu finden, wenn man die Umgebung als feindlich empfindet. Die Geborgenheit ist auch hier wieder der Weg, um ins Leben zurückzufinden. Dies bedeutet, sich mit seiner Umgebung auszusöhnen, mit anderen in Dialog zu treten, sich mit ihnen auszutauschen, sich inspirieren zu lassen und die Errungenschaften unserer Kultur in einem Miteinander zu erleben. Hierzu zählen Literatur, Musik, Tanz, bildende Künste, Theater und Film genauso wie Architektur und Geschichte. All dies sind Ausdrucksformen des Zeitgeistes, der die Menschen einer Gesellschaft miteinander verbindet und ihnen Geborgenheit vermittelt. Dass man nicht jede Kunstrichtung mag, ist absolut natürlich und schränkt dieses Geborgensein nicht ein, sofern man anderen ihre Freude daran von Herzen gönnt.

Zur Ruhe zu kommen, bedeutet letztendlich Aussöhnung mit sich selbst, Aussöhnung mit anderen und Aussöhnung mit der Gesellschaft. Dann verlieren wir automatisch das Gefühl von Trennung, und unsere gesamte Umgebung vermittelt uns ein Gefühl von Geborgenheit.

2. Freiheit erlangen

Die Geborgenheit ist eine stabile Basis, um den spirituellen Weg zu gehen, ohne in eine Sackgasse zu geraten. Hierbei ist es unerheblich, welche spirituelle Disziplin praktiziert wird. Entscheidend dabei ist, die schlichte Einfachheit und Natürlichkeit im Leben beizubehalten. Meditation, Yoga und Tantra sind keine Lösung für persönliche Probleme oder seelische Schwierigkeiten. Es ist auch nicht möglich, Defizite im Leben durch den spirituellen Weg aufzufüllen; die Glückseligkeit des Samadhi im Yoga und die Ekstase im Tantra sind keine Kompensation für ein Vakuum im Leben. Ganz im Gegenteil – die Problematiken verstärken sich dadurch zusehends, wie wir in unserer Praxis beobachten konnten.

Wird die spirituelle Praxis auch noch mit westlichem Leistungsdenken ausgeübt, geprägt von Vehemenz und dem inneren Druck, unbedingt die „nächste Stufe" erreichen zu müssen, führt dies unweigerlich in eine spirituelle Sackgasse. Daher ist es zwingend notwendig, sämtlichen Leistungsdruck, geboren aus dem Wunsch nach baldiger Erleuchtung, zu nehmen. Am einfachsten gelingt das durch den oben beschrieben Weg über die Geborgenheit. Hierdurch löst sich neben der Ego-Fixiertheit auch der Leistungsgedanke auf. Ist diese Geborgenheit für den Aspiranten in allen Lebensbereichen erlebbar, besitzt er auch die Freiheit, jeden spirituellen Weg zu gehen.

Es gibt jedoch auch Einschränkungen. Hierzu gehören tiefgreifende spirituelle Praktiken, die zum Teil sehr gefährlich sind, wie z. B. das Erwecken der Kundalini. Diese dürfen, wie bereits beschrieben, nur unter persönlicher Anleitung eines spirituellen Meisters ausgeübt werden. Hierfür ist die uneingeschränkte Anerkennung seiner Autorität eine unabdingbare Voraussetzung. Grenzen und Einschränkungen, die durch ihn auferlegt werden, sind absolut einzuhalten, da ansonsten unwiderrufliche Prozesse in Gang gesetzt werden können, die letztendlich ins Unglück führen. Es besteht nicht die geringste Chance, solche Schritte in einem Alleingang zu meistern, selbst wenn Disziplin und Strebsamkeit ausreichend vorhanden sind. Ein spiritueller Meister weiß, wann sein Schüler an dem Punkt angelangt ist, um entsprechende Stufen gefahrlos zu erklimmen. Er kann die dabei ablaufenden Prozesse auf der spirituellen Ebene in absoluter Klarheit wahrnehmen und auch eingreifen, wenn dies notwendig wird. Dieses Wissen und das Vertrauen in seine Führung vermittelt Sicherheit und Geborgenheit.

Der Weg in die Freiheit führt somit über die Geborgenheit, die zunächst in einem selbst, dann in der Beziehung zu anderen Menschen, im Umgang mit der Gesellschaft und auf dem spirituellen Weg in Verbindung mit dem Meister und letztendlich mit Gott erlebt wird. Durch diese Geborgenheit löst sich jegliche Ego-Fixierung auf. Ab jetzt ist es eigentlich erst möglich, einen spirituellen Weg zu beschreiten.

3. Der Weg zum Selbst

Das Ziel des Yoga und letztendlich des Tantra ist das Einssein mit dem eigenen Selbst, ein Zustand ewiger Glückseligkeit, der Samadhi genannt wird. Auf dem Weg dorthin existieren zwei natürliche unüberwindbare Hürden, die wir alleine nicht bewältigen können. Diese Hürden sind keine Hindernisse im Sinne von Erschwernissen. Sie lassen sich eher als Grenzen verstehen, die uns davor schützen, auf dem spirituellen Weg verloren zu gehen. Für die Überschreitung der ersten Grenze benötigen wir die Hilfe eines spirituellen Meisters, der diesen Weg bereits beschritten hat und die Fähigkeit besitzt, seinen Schüler über diese Schwelle zu bringen. Von hier ab ist er verpflichtet, seinen Schützling persönlich bis zur nächsten Hürde zu begleiten und vor Gefahren, wie zum Beispiel den bereits beschrieben spirituellen Attacken, die auf diesem Wegstück möglich sind, zu beschützen.

Die zweite Grenze kann nur durch die Gnade einer *Ishta Devata* überwunden werden. Diese stellt einen Aspekt Gottes dar, der uns ab hier das letzte Wegstück zu unserem Selbst und dem unmanifestierten, transzendenten göttlichen Urgrund allen Seins bringt.

ANHANG

Werke der Autoren

Dietmar Krämer, Der Aufstieg der Kundalini – Ein Kundalini-Ratgeber für die Praxis, Aquamarin Verlag, Grafing

Dietmar Krämer, Die Weisheit der Yoga-Sutras von Patanjali – Aus dem Sanskrit neu übersetzt und kommentiert, Books on Demand GmbH, Norderstedt

Dietmar Krämer, Neue Therapien mit Bach-Blüten 1 – Beziehungen der Blüten zueinander, Ansata Verlag, München

Dietmar Krämer / Helmut Wild, Neue Therapien mit Bach-Blüten 2 – Diagnose und Behandlung über die Bach-Blüten Hautzonen, Ansata Verlag, München

Dietmar Krämer, Neue Therapien mit Bach-Blüten 3 – Akupunkturmeridiane und Bach-Blüten, Isotrop Verlag, Bad Camberg

Dietmar Krämer, Neue Therapien mit ätherischen Ölen und Edelsteinen, Isotrop Verlag, Bad Camberg

Dietmar Krämer, Neue Therapien mit Farben, Klängen und Metallen, Isotrop Verlag, Bad Camberg

Dietmar Krämer / Anne Simons, Neue Therapien mit Bach-Blüten – Das Praxisbuch, Ansata Verlag, München

Dietmar Krämer & Hagen Heimann, Bach-Blüten für ihr Kind – Ein Ratgeber für Eltern, Isotrop Verlag, Bad Camberg

Dietmar Krämer & Hagen Heimann, Bach-Blütentypen, Books on Demand GmbH, Norderstedt

Dietmar Krämer & Hagen Heimann, Neue Therapien mit Bach-Blüten, ätherischen Ölen, Edelsteinen, Farben, Klängen, Metallen, G. Reichel Verlag, Weilersbach

Hagen Heimann & Dietmar Krämer, Aura und Bach-Blüten – Das Handbuch der Aura-Deutung, Aquamarin Verlag, Grafing

Hagen Heimann & Dietmar Krämer, Chakras und Mantras – Chakra-Heilung durch die Kraft der Urklänge, Aquamarin Verlag, Grafing

Hagen Heimann, Alles über Bach-Blütentherapie und Neue Therapien mit Bach-Blüten nach Dietmar Krämer, G.Reichel Verlag, Weilersbach

Hagen Heimann, Neue Wege des spirituellen Heilens – mit Heilungstechniken für jedermann, Isotrop Verlag, Bad Camberg

Allgemeines Literaturverzeichnis

Deutschsprachige Literatur

Allen, Marcus, Tantra für den Westen – Der direkte Weg zur persönlichen Freiheit, Rohwohlt Taschenbuch Verlag GmbH, Reinbek

Avalon, Arthur, Die Schlangenkraft – Der Text des Shat-Chakra-Nirupana und Paduka-Panchaka, Edition Geheimes Wissen, Graz, Österreich

Babaji, Gorakhvani – Das geheime Wissen Guru Gorakhnaths, Reichel Verlag, Weilersbach

Bailey, Alice A., Der Yoga-Pfad, Lucis Verlag, Genf

Bedürftig, Friedmann, Hinduismus – Geschichte und Gegenwart, Honos Verlag GmbH, Köln

Bretz, Shukadev, Die Kundalini-Energie wecken – Von der göttlichen Urkraft in uns, Kailash/Hugendubel Verlag, München

Eckstein, Kiu, Kundalini Erfahrungen – Eine Meister-Schüler Begegnung, Aquamarin Verlag, Grafing

Ellinger, Herbert, Hinduismus, HPT-Verlagsgesellschaft GmbH, Wien

Georg Feuerstein, Die Yoga Tradition – Geschichte, Literatur, Philosophie & Praxis, Yoga Verlag, Wiggenstein

Halbig, Konrad/Schnellbach, Karin, Babaji, In Wahrheit ist es einfach Liebe, Koha Verlag, Burgrain

Johari, Harish, Chakras – Körperzentren der Transformation, Sphinx Verlag, München

Johari, Harish, Wege zum Tantra, Hermann Bauer Verlag, Freiburg i.Br.

Heimann, Hagen & Krämer, Dietmar, Chakras und Mantras – Chakra-Heilung durch die Kraft der Urklänge, Aquamarin Verlag, Grafing

Heimann, Hagen, Neue Wege des spirituellen Heilens – mit Heilungstechniken für jedermann, Isotrop Verlag, Bad Camberg

Huchzermeyer, Wilfried, Die heilgen Schriften Indiens – Geschichte der Sanskrit Literatur, Edition Sawitri, Verlag W. Huchzermeyer, Karlsruhe

Jansen, Eva Rudy, Die Bildersprache des Hinduismus – Göttinnen und Götter, Erscheinungsformen und Bedeutungen, Binkey Kok Publications B.V., Havelte, Holland

Kinsley, David, Die indischen Göttinnen, Insel Verlag Frankfurt am Main und Leipzig

Krack, Rainer, Hinduismus erleben, Reise Know-How Verlag Peter Rump GmbH, Bielefeld

Krämer, Dietmar, Der Aufstieg der Kundalini – Ein Kundalini-Ratgeber für die Praxis, Aquamarin Verlag, Grafing

Krämer, Dietmar, Die Weisheit der Yoga-Sutras von Patanjali – Aus dem Sanskrit neu übersetzt undkommentiert, Books on Demand GmbH, Norderstedt

Krishna, Gopi, Kundalini – Erweckung der geistigen Kraft im Menschen, Otto Wilhelm Barth Verlag, Weilheim

Mahesh Yogi, Maharishi, Die Wissenschaft vom Sein und die Kunst des Lebens, International SRM Publications, Frankfurt

Michel, Peter, Weltreligion, – Das Bewusstsein bestimmt das gesellschaftliche Sein, Aquamarin Verlag, Grafing

Muktananda, Swami, Das Mysterium des menschlichen Geistes, Siddha Yoga Verlag GmbH, München

Muktananda, Swami, Kundalini. Das Geheimnis des Lebens, Siddha Yoga Verlag GmbH, München

Odier, Daniel, Die Ekstase des Herzens – Der tantrische Weg zum Erwachen, Aquamarin Verlag, Grafing

Odier, Daniel, Das tantrische Erwachen, Begehren, Leidenschaft und Spiritualität, Aquamarin Verlag, Grafing

Odier, Daniel, Tantra – Eintauchen in die Absolute Liebe, Aquamarin Verlag, Grafing

OWK / Devananda Naatha, Kundalini, Das Erbe der Nath-Yogis, Kindle Edition

Radhakrishnan, Sarvapelli, Die Bhagavad Gita, R.Löwit Verlag, München

Rajneesh, Bhagwan Shree, Das Buch der Geheimnisse, Wilhelm Heyne Verlag, München

Ram Das, Baba, Sei jetzt hier, Sadhana Verlag, Berlin

Rawson, Philip, Tantra – Der indische Kult der Ekstase, Droemer/Knaur, München

Reinelt, Joachim, Das große Kundalini Buch, Aquamarin Verlag, Grafing

Richter-Ushanas, Egbert, Das Stillhalten der Fackel: Mandukya-Upanishad mit Gaudapadas Karika, Erika Richter Verlag, Bremen

Shyam, Radhe, Leben aus dem Sein – Ein Buch über Babaji, Reichel Verlag, Reifenberg

Schmölders, Claudia, Ramayana, Diederichs Gelbe Reihe, Heinrich Hugendubel Verlag, Kreuzlingen/München
Sequeira, Ronald, Die Philosophien Indiens, Ein-Fach-Verlag, Aachen
Shankara, Unterscheidung zwischen Selbst und Nicht-Selbst, Ansata Verlag, Interlaken
Shyam, Radhe, Leben aus dem Sein – Ein Buch über Babaji, Reichel Verlag, Weilersbach
Trökes,, Anna, Die kleine Yoga-Philosophie: Grundlagen und Übungspraxis verstehen, Otto Wilhelm Barth Verlag, Weilheim
Wadula, Annamaria, Yoga für die Praxis, Otto Wilhelm Barth Verlag, Weilheim
Walker, Benjamin, Tantrismus – Die geheimen Lehren und Praktiken des linkshändigen Pfades, Sphinx Verlag, München
Wirth, Silvio, Integrales Tantra: Sinnlichkeit, Tiefe und Transzendenz, Phänomen-Verlag, Hamburg
Yogananda, Paramahansa, Autobiographie eines Yogi, Otto Wilhelm Barth Verlag, Weilheim
Yukteshwar, Swami Shri, Die Heilige Wissenschaft, Otto Wilhelm Barth Verlag, Weilheim

Englischsprachige Literatur

Avalon, Arthur, Tantra of the Great Liberation – Mahanirvana Tantra, Wildside Press, Maryland, USA
Feuerstein, Georg, Tantra – The Path of Ecstasy, Shambala Publications, Boston, USA
Kumar, Ravindra & Larsen, Jytte Kumar, The Kundalini Book of Living and Dying, Red
Sardesai, V.S., Sanatana Dharma The Universal Religion, Readworthy Publications (P) Ltd., New Delhi, India
Srinivasan, Dr. A.V., Dharma: Hindu Approach to a Purposeful Life, Parijati Publications c/o Periplus Line LLC, East Glastonbury, USA
Sukhabodhananda, Swami, Karma Yoga – The Inner Alchemy of Action, Jaico Publishing House, Mumbai, India
Sukhabodhananda, Swami, Shiva Sutras – Divine Techniques for Enhancing Effectiveness, Jaico Publishing House, Mumbai, India
Svoboda, Robert E., Aghora – At the Left Hand of God, Rupa & Co, New Delhi, Allahabad, Mumbai, Calcutta, India
Svoboda, Robert E., Aghora II – Kundalini, Rupa & Co, New Delhi, Allahabad, Mumbai, Calcutta, India

Svoboda, Robert E., Aghora III – The Law of Karma, Rupa & Co, New Delhi, Allahabad, Mumbai, Calcutta, India

Glossar

Acharya	Spiritueller Lehrer
Ahamkara	Das aus Purusha unter Einfluss von Anhaftung entstandene Schatten-Ich (im Westen als Ego bekannt)
Asanas	Spezielle Körperstellungen im Hatha Yoga, bei denen der Körper gedehnt und gestreckt wird.
Ashram	Ein spirituelles Zentrum, vergleichbar mit einem Kloster
Atma	Der transzendente Urgrund unserer eigenen Existenz, unser wahres Selbst
Besetzer (Obsessor)	Im Spiritismus übliche Bezeichnung für Wesenheiten, die von anderen Besitz ergreifen, unabhängig davon, um welche Art von Dämonen es sich dabei handelt.
Bhagavad Gita	„Der Gesang des Höchsten", Teil des Mahabharata-Epos, Dialog zwischen Krishna und Arjuna – neben dem Ramayana die heiligste Schrift der Hindus
Bhajans	Religiöse Lieder, die von mehreren Gläubigen gemeinsam gesungen werden.
Brahma	Hinduistischer Schöpfergott
Brahman	Göttlicher Urgrund
Chela	Schüler eines Gurus
Darshan	Begegnung zwischen Schüler und Meister
Devotee	Anhänger eines Gurus

Dharma	Gesetz, Ordnung – wird in den alten Überlieferungen symbolisch als „heilige Kuh" der ethischen Ordnung" dargestellt.
Durga	Eine Erscheinungsform von Parvati
Ganesha	Elefantenköpfiger Sohn von Shiva und Parvati
Guru	Spiritueller Meister, der die Kontinuität des Bewusstseins erlangt hat.
Hatha Yoga	Die im Westen bekannteste, rein körperliche Form des Yoga
Ida	Spiritueller Energiekanal auf der linken Seite der Wirbelsäule
Ishta Devata	Persönliche geoffenbarte Gottheit
Ishvara	Der göttliche Funke in uns
Japa	Schnelles Rezitieren von Mantras in halblauter Sprache, oft mit Hilfe einer Gebetskette
Inkorporation	Die Aufnahme eines fremden Wesens in den eigenen Körper, wie das teilweise von Medien praktiziert wird.
Kapalabhati	„Feueratem" im Kundalini Yoga
Kali	Die bekannteste Erscheinungsform von Parvati
Kalki	Die letzte Inkarnation Vishnus
Kirtan	Rhythmischer Wechselgesang von Mantras, die den Namen Gottes beinhalten.
Kleshas	Erschwernisse auf dem spirituellen Weg
Krishna	Eine bekannte Inkarnation Vishnus
Kriyas	Übungsreihen im Kundalini Yoga
Kundalini	Spirituelle Kraft, die am unteren Ende der Wirbelsäule ruht bis sie erwacht.
Lakshmi	Gemahlin von Vishnu

Lingam	Symbolische Darstellung der Kraft Shivas in Form eines Phallus
Mahabharata	Altindisches Epos – enthält die Bhagavad Gita, eine der heiligsten Schriften der Hindus
Maithuna-Ritual	Praktik des linkshändigen Tantra, um durch die Überschreitung von Tabugrenzen die Kundalini zu erwecken.
Mala	Indische Gebetskette
Mantras	Heilige Urklänge, die bei Ritualen, Zeremonien und in der Meditation rezitiert werden.
Maya	Schleier, der die göttliche Wirklichkeit, die der Schöpfung zugrunde liegt, verbirgt und uns vorgaukelt, die Welt besäße eine eigene Realität.
Moksha	Erlösung vom Rad der Wiedergeburt
Mudras	Symbolische Hand- und Körperhaltungen, die im indischen Tanz, aber auch bei religiösen Praktiken Verwendung finden.
Nadi	Energiekanal für spirituelle Energie
Nirvikalpa Samadhi	Die höchste Form des Samadhi, die nicht mehr endet.
OM	Der kosmische Urlaut, aus dem die Schöpfung hervorgegangen ist.
Parama-Shiva	Das anfangslose Bewusstsein, das eins mit seiner Energie Shakti ist.
Parvati	Gemahlin von Shiva
Pingala	Spiritueller Energiekanal auf der rechten Seite der Wirbelsäule

Prakriti	Feinstoffliche Urmaterie, aus der wir bestehen; sie durchdringt alles, was existiert und beinhaltet drei Eigenschaften (Gunas): Sattva (Reinheit), Tamas (Trägheit) und Rajas (Leidenschaft).
Prana	Feinstoffliche Energie, vergleichbar mit dem chinesischen Chi
Prasad	Geheiligte Speise, die bei religiösen Zeremonien an die Teilnehmer ausgeteilt wird.
Purusha	Unser individuelles Selbst, das, was wir wirklich sind – grobstofflicher als Atma, unser wahres Selbst, und feinstofflicher als Ahamkara, unser Schatten-Ich (im Westen als Ego bekannt).
Puja	Rituelle Andacht
Puranas	Mythologische und epische Überlieferungen, die zu den wichtigsten heiligen Schriften des Hinduismus gehören.
Rama	Eine bekannte Inkarnation Vishnus
Ramayana	Altindisches Epos über die Gottheit Rama
Rudra	Der unbändige, zerstörerische Aspekt Shivas
Sadashiva	Das erste göttliche Bewusstsein, das sich aus Brahman manifestierte.
Sadhana	Spiritueller Übungsweg
Sadhu	Asketisch lebender heiliger Mann
Samadhi	Einssein mit Atma, dem wahren Selbst
Samsara	Rad der Wiedergeburt
Samskaras	Prägungen aus der Vergangenheit
Sarasvati	Gemahlin von Brahma
Sat-Chakra-Nirupana	Bekannte Schrift über die Chakras aus dem 16. Jahrhundert

Shakti	Name der Gemahlin der Gottheit Trimurti, aber auch Sammelbegriff für Gemahlinnen männlicher hinduistischer Gottheiten
Shaktipat	Übertragen göttlicher Energie von einem spirituellen Meister auf seinen Schüler, um dadurch dessen Kundalini zu erwecken.
Shiva	Hinduistischer Gott der Zerstörung
Siddhis	Übernatürliche Fähigkeiten
Solarer Logos	Spirituelle Wesenheit, die der Sonne innewohnt und die gesamte spirituelle Entwicklung aller Lebewesen eines Sonnensystems überwacht und fördert – im Hinduismus auch als Surya bekannt.
Sushumna	Spiritueller Energiekanal in der Mitte der Wirbelsäule, durch den die erwachte Kundalini fließt
Surya	Sonnengott, auch bekannt unter dem Begriff „Solarer Logos"
Tattvas	Grundprinzipien, die das Wesentliche in allen Dingen bezeichnen.
Trimurti	Brahma, Shiva und Vishnu in einer Person
Upanishaden	Sammlung philosophischer Schriften des Hinduismus
Veden	Religiöse hinduistische Textsammlungen
Vishnu	Hinduistischer Gott, der durch seine Präsenz die gesamte Schöpfung erhält.
Yama	Hinduistischer Gott des Todes; im Raja Yoga Regeln im Umgang mit anderen Menschen
Yantra	Geometrische Muster und Symbole, die als rituelle Diagramme sowohl im Hinduismus als auch im Tantrismus zur Meditation verwendet werden.
Yuga	Zeitalter oder auch Weltenzyklus

Kontaktadressen der Autoren:

Praxisgemeinschaft
Dietmar Krämer & Hagen Heimann
Heilpraktiker
Römerstr. 9
D-63450 Hanau

E-Mail:
info@dietmar-kraemer.de
info@hagen-heimann.de

Dietmar Krämer

**Der Aufstieg der Kundalini
Ein Kundalini-Ratgeber
für die Praxis**

ISBN 978-3-89427-455-9

Immer mehr Menschen, die eine Yoga-Praxis ausüben oder den Weg der Meditation gehen, erfahren die gewaltige Kraft der Kundalini. Häufig erfolgt das Erwachen der „Schlangenkraft" unerwartet und unvorbereitet. Nicht selten lösen die tiefgreifenden Wirkungen des Kundalini-Aufstieges dann Angst oder gar Panik aus. Um solchen Erfahrungen vorzubeugen, hat Dietmar Krämer seinen überaus praxisnahen und somit außerordentlich hilfreichen Ratgeber verfasst. In ihm werden alle grundlegenden Komponenten des Wirkens der Kundalini angesprochen und zudem eine Fülle an praktischen Ratschlägen erteilt, wie man mit dieser machtvollen Energie umzugehen hat. Ein unverzichtbarer geistiger Führer für jeden, der sich mit Meditation oder Yoga befasst!

Kundalini

Dietmar Krämer
**Die Weisheit der
Yoga-Sutras von Patañjali**

Aus dem Sanskrit neu übersetzt
und kommentiert

Die Yoga-Sutras des Patañjali gelten als das bedeutendste Grundlagenwerk des151 Yoga. Es beschreibt in 195 Strophen den Unterschied zwischen wahrem Selbst und wandelbarem Selbst, den achtgliedrigen Pfad des Yoga, die übernatürlichen Fähigkeiten und den Weg zur Befreiung.
 Der Autor hat dieses Werk aus dem Sanskrit vollkommen neu übersetzt. Seine 40-jährige Praxis der Meditation, die vor 15 Jahren zum Erwachen der Kundalini führte, diverse Pilgerreisen in den Himalaya und die Anwendung der in den Yoga-Sutras beschriebenen Techniken ermöglichten es ihm, die Texte in einem Zustand tiefer Yoga-Trance in eine einfache, klare Sprache zu übertragen. Durch seine hilfreichen Kommentare sind die tiefgründigen Weisheiten der Sutras leicht zu verstehen.

Books on Demand GmbH, Norderstedt
ISBN 978-3-8482-2209-4

Hagen Heimann
& Dietmar Krämer
Chakras und Mantras
**Chakra-Heilung durch die
Kraft der Urklänge**

ISBN 978-3-89427-453-5

In diesem Buch erläutern die beiden aurasichtigen Heilpraktiker Hagen Heimann und Dietmar Krämer die Zusammenhänge zwischen den Chakras und der spirituellen Entwicklung des Menschen. Durch ihre eigene Forschung gelang es ihnen, die Bedeutung der einzelnen Chakra-Sektoren zu entschlüsseln, welche für genau definierte Lebensbereiche stehen. Daraus ergab sich eine völlig neue Sichtweise der Chakras. So äußern sich Charakterschwächen als Störungen in den Sektoren, die für Aurasichtige als farbige Strukturen zu sehen sind. Anhand der eindrucksvollen Beschreibungen dieser Chakrastörungen und deren Auswirkungen kann der Leser selbst erkennen, welcher Sektor betroffen ist.
Ferner gelang es den beiden Autoren, den Eigenklang jedes einzelnen Sektors zu ermitteln. Diese Klänge sind Mantras, die es im Zusammenhang mit einer speziellen Meditationstechnik ermöglichen, sich selbst von seinen eigenen Charakterschwächen zu befreien. Sie fördern nicht nur die spirituelle Entwicklung, sondern führen auch zu einem harmonischen Leben.
Dem Buch liegt eine CD mit den Klängen der Mantras als Vorlage zur Meditation bei.

Hagen Heimann
Neue Wege des spirituellen Heilens mit Heilungstechniken für jedermann

Mit diesem Werk eröffnet Hagen Heimann dem Leser die Welt der spirituellen Heiler und beschreibt detailliert die tiefsten Geheimnisse ihres mysteriösen Wirkens. Freimütig enthüllt er deren intime Zusammenarbeit mit geistigen Führern und die gemeinsame Nutzung verschiedener Heilungsenergien. Dabei offenbart er wohlbehütetes Wissen, das bisher nur im Geheimen vom Lehrer auf den Schüler überliefert wurde.
Aufgrund seiner eigenen Forschung und der Arbeit in seiner Praxis fand er vollkommen neue Techniken für spirituelle Heiler, mit denen sie ihre Heilerfolge enorm steigern können. Außerdem entdeckte er neue, sehr einfache und äußerst effektive Heilungstechniken für jedermann. Mit ihrer Hilfe kann jeder, ohne Vorkenntnisse, mit seinen Händen sofort heilen!

Isotrop-Verlag, Bad Camberg
ISBN 978-3-940395-02-3

Lama Anagarika Govinda
Der Weg der weißen Wolken
Erlebnisse eines buddhistischen Pilgers in Tibet
ISBN 978-3-89427-619-5

Es gibt inzwischen zahllose Veröffentlichungen über Tibet – aber kein anderes Buch reicht an Lama Govindas autobiographisches Meisterwerk heran. Es lässt nicht nur das alte, von den Chinesen zum Teil zerstörte Tibet wiederaufleben, es öffnet vor allem den unverstellten Blick auf die tibetische mystische Tradition und die geistige Größe ihrer herausragenden Lamas. Als Schüler des legendären Tomo Geshe Rimpoche wird Lama Govinda in die esoterische Tradition Tibets initiiert und kann, mit dem Segen seines Meisters, die verborgenen mystischen Orte Tibets aufsuchen. Außer Alexandra David-Neel hat kein Abendländer ein solches Wissen aus erster Hand über Tibet sammeln können wie der in Deutschland geborene große Buddhist. Die Essenz dieses Werkes reicht jedoch weit über den Tibetischen Buddhismus hinaus. Lama Govinda beschreibt die Erfahrungen auf dem zeitlosen mystischen Pfad, dessen Gesetze universell und dessen Einsichten allgemeingültig sind. Ein Buch über Selbst-Verwirklichung und Einweihung, das auch in einhundert Jahren noch die gleiche Würdigung finden wird, die ihm heute entgegengebracht wird!

Charles W. Leadbeater
Die Chakras

ISBN 978-3-89427-667-6

Vollständig überarbeitete Neuausgabe! 40 Seiten neuer Text, mit zahlreichen Anmerkungen und Ergänzungen! C.W. Leadbeater zählt ohne Zweifel zu den größten Hellsehern und Eingeweihten der Neuzeit. Sein großes Meisterwerk über die Chakras ist jetzt in einer neuen, erweiterten Ausgabe wieder lieferbar. Die gesamte esoterische Bewegung des 20. Jahrhunderts schöpfte in erheblichem Maße aus diesem Klassiker der spirituellen Literatur, der auch heute, am Beginn eines neuen Jahrtausends, nichts von seiner geistigen Größe und Strahlkraft eingebüßt hat. Wenn viele moderne Autoren längst in der Vergessenheit versunken sein werden, wird noch immer in den Buchhandlungen aller Länder ein Platz reserviert sein für die großen Meisterwerke von Charles W. Leadbeater!

Chakras